위기의 선생님에겐
반격이 필요해!

위기의 선생님에겐 반격이 필요해!

교실을 사로잡는 마법의 한마디
곤란한 교사를 위한 50가지 꿀팁

마쓰오 히데아키 지음

이선영 옮김
허승환 감수

시작하며

학교폭력, 교실 붕괴와 같은 다양한 교육 문제에 대한 세상 사람들의 관심이 그 어느 때보다 높아진 요즈음입니다. 아이들은 사소한 일에도 쉽게 폭발하지만 선생님 말씀은 점점 더 듣지 않게 되었습니다. 그뿐만 아니라 학부모를 상대할 때에도 과거에는 없던 어려움을 겪게 되었습니다. '몬스터 페어런트[1]'도 모자라 '몬스터 칠드런[2]'이라는 바람직하지 않은 말도 일반화되었습니다. 교육 현장의 개혁을 요구하는 목소리는 점점 높아지지만, 눈앞의 문제를 해결하는 데에만 급급한 나머지 현장은 더욱더 피폐해지는 실정입니다. 이러한 상황은 필연적으로 교육에 뜻을 둔 예비교사들과 젊은 선생님들의 발목을 잡아 적극적인 시도를 꺼리게 만드는 결과로 이어집니다. 바로 여기서, 선생님들이 적극적으로 교육활동에 임할 수 있게끔 메스를 대고자 하는 것이 이 책의 가장 큰 목표입니다.

---

1 몬스터 페어런트: 학교와 교사에 비상식적인 요구를 하는 학부모.
2 몬스터 칠드런: 학교에서 지나치게 제멋대로 행동하고 교사를 기만하는 아동.

학교에서 아이들을 교육한다는 것은 매일매일 진검승부를 하는 것과 같습니다. 무방비 상태로 지내다가 어느 날 갑자기 터무니없는 사건에 휘말리기도 합니다. 문제 상황을 어떻게 헤쳐 나갈지 미리 생각하여 철저히 대비해 둘 필요가 있습니다. 제목에 있는 '반격'은 방어하는 동시에 공격한다는 의미입니다.

　이 책을 펼친 독자 여러분 중에는 아이들이나 학부모 때문에 곤란했던 분들이 많이 계시겠지요. 이 책은 그런 순간에 바로 적용할 수 있는 '반격'의 기술을 알려 드립니다. 그러나 '이럴 땐 이렇게, 저럴 땐 저렇게' 하라는 단순한 설명서는 아닙니다. 모든 반격에는 그 바탕에 항상 목적과 이유가 깔려 있으므로, 이를 각 장 마지막 부분에 **'성공의 비결'**이라는 코너를 만들어 정리하였습니다. 임기응변이라 하더라도 즉흥적으로 떠올린 발상이 아닌, 근본적으로 제대로 된 이유가 있는 대응 방법을 제시하려 했습니다.

　학급의 상태도 인간관계도, 마이너스를 제로까지 끌어올리려면 무척 힘이 듭니다. 따라서 이 책에서는 먼저 대응을 잘못하여 마이너스 상태에 빠진 실패 사례를 제시한 뒤, 바로 이어진 **'왜? 어째서?'**라는 코너를 통해 실패의 근본 원인을 분석합니다. 원인을 알면 제로에서 마이너스로 떨어지는 일을 막을 수 있습니다.
　그다음은 제로를 플러스로 끌어올리는 **'여기서 반격!'** 코너입니다. 이 책의 핵심이라고 할 수 있는 구체적인 반격의 말과 이론적 근거를 소개합니다. 이미 나빠진 점을 치료한다기보다는 예방에 더욱 힘쓴 내용입니다.

이 책에서는 교사의 업무와 깊이 관련된 다섯 가지 상황을 '학급 만들기', '개별 대응', '수업 만들기', '학교 행사', '학부모·동료'로 나눈 다음, 각각의 상황에서 쓸 수 있는 반격의 방법을 제안합니다. 아무 쪽이나 펼쳐서 읽어도 좋고 필요한 부분만 찾아서 읽어도 좋습니다. 어느 부분을 펼쳐 읽든 바로 도움을 받을 수 있겠지만, 마지막에 책 전체를 쭉 훑어본다면 각 반격의 바탕에 흐르는 공통된 생각이 느껴질 것입니다.

부디 뜻있는 젊은 선생님들이 이 책의 도움을 받아 즐거운 교직 생활을 보내시기를 바라 마지않습니다.

마쓰오 히데아키

학교 현장은 매일이 진검승부!
사소한 실수 하나 때문에……
곤란한 일이 생길지도 모르지요.

하지만 '반격'의 기술이 있다면 걱정 끝!
예상&예방으로 똑똑하게 대처하여
행복한 학교생활을 만들어갑시다.

목차

3장: 아이들이 활기차게 움직인다! 수업 만들기에 효과적인 반격의 기술

4장: 단결력의 척도가 된다!
행사 지도에 효과적인 반격의 기술

5장: 학부모&동료 교사를 내 편으로 만든다!
소통에 효과적인 반격의 기술

서장:

반격의 기술로 '곤란함'에서
벗어나자!

1. 신규 교사의 '곤란함', 발상의 전환으로 극복하자

"이걸 어떡하면 좋지, 진짜 곤란하게 됐네…." 사회생활을 하는 사람이라면 누구나 벽에 부딪칠 때가 있다. 교사가 부딪치는 상대는 주로 아이들과 학부모다.

그런데 정말로 곤란한 당사자는 누구일까? 교사는 아이들 지도가 생각대로 안 될 때 곤란함을 느낀다. 그러나 사실 진짜 곤란한 사람은 아이들과 학부모다. 냉정히 생각해 보면 교사는 별로 곤란하지 않다. 예를 들어 아이들 성적이 좀처럼 오르지 않는 것은 곤란한 문제가 아니다. 이는 교사를 늘 따라다니는 고민거리로 인식하는 편이 알맞다.

교사가 함께 고민해 주면 아이들과 학부모의 마음이 좀 편해지기야 하겠지만, 문제가 실질적으로 해결되지는 않는다. 담임은 한 학급을 책임지는 사람이다. 따라서 아이들과 고민을 나누며 친구처럼 지내는 수평적인 관계만으로는 부족하다. 진정한 지도자다운 모습을 보일 필요가 있다.

각각의 곤란한 상황에는 그에 맞는 적절한 해결 방법이 존재한다. 이 책에서는 이를 '반격'으로 표현한다. '반격'하는 방법을 익혀 아이들과 교사의 근심을 조금이나마 덜어 주려는 것이 이 책의 기본 방향이다.

2. 3년 차가 되기 전에 반드시 익혀야 할 '반격'의 기술이란?

그렇다면 교실 분위기가 완전히 엉망이 된 학급을 바로 세울 정도의 능력과 경험을 갖춘 교사는 어떤 '반격'의 기술을 사용할까?

그중 하나는 '실패 사례를 많이 아는 것'이다. 본인이 직접 겪은 일 이외에 다른 사람의 사례를 보고 듣고 읽으며 다양한 실패 사례를 접해야 한다. 잘못되는 방법을 되도록 많이 알아야 한다.

성공하는 방법은 드물지만 실패하는 방법은 수없이 많다. 즉, 이 책에서 제안하는 바는 어떻게 하면 실패하는지 먼저 알고, 성공 가능성이 큰 방법을 배워 적용해 보자는 것이다.

이 책은 한 가지 사례를 두 쪽에 걸쳐 설명하는데, 다음과 같은 4단계로 구성된다.

1. **실패 사례**
2. **사례의 배경과 원인** (왜? 어째서?)
3. **반격하는 방법** (여기서 반격!)
4. **성공의 포인트** (성공의 비결)

한 가지 실패 사례를 읽은 것만으로 교실에서 일어나는 실패를 대부분 예방할 수 있다. 잘못된 방법을 아는 것은 위험을 예방할 뿐 아니라 가장 중요하기 때문이다.

운동회에서 쓰는 신호총 화약을 만드는 어느 회사의 그릇에는 '위험을 잊지 않는 동안에는 안전하다'는 문구가 쓰여 있는데, 실로 그러하다. 위험한 행위가 무엇인지 아는 것이 안전의 첫걸음이다.

안전이 확보되어야만 비로소 도전할 수 있다. 등산에 비유하자면 날씨와 코스, 도중에 맞닥뜨릴 가능성이 있는 모든 위험을 파악한 뒤에야 만반의 준비를 끝내고 산에 오를 수 있는 것과 마찬가지다. 도전에는 반드시 준비가 필요하다.

뜻있고 진취적인 학급경영을 목표로 한다면 반드시 실패 사례와 그에 대한 반격을 익혀야 한다.

이러한 관점을 가지고, 다양한 '반격'의 기술을 익히러 다음 장으로 출발해 보자.

1장:

학급 분위기를 장악하라!
학급운영에 효과적인
반격의 기술

'학급운영'이라는 큰 관점에서, 전체적으로 어떻게 대응해야 할까?
전체 아이들을 향한 지도가 탄탄하게 뒷받침되어야만
그 후의 개별 지도도 가능하다.
이 장에서는 교사가 자주 맞닥뜨리는 곤란한 반응이나 갈등을
기회로 바꾸는 '반격'을 소개한다.
실패 사례와 반격의 성공 사례를 비교해 보며
자신만의 성공 법칙을 찾아보자.

하나
수업 시작 전 인사를 성의 없이 할 때
▶ 인사의 의미까지 생각하게 한다

수업 시작종이 울렸다. 대개 학급 임원이 일어나 "차렷", "경례" 구령과 함께 수업을 시작한다. 그런데 여전히 돌아다니거나 장난치는 아이들 때문에 분위기가 매우 어수선하다. 학급 임원이 "얘들아 조용히 하자!" 라고 여러 번 큰 소리로 말한 뒤에야 겨우 선생님께 인사를 할 수 있었지만 수업 시간은 이미 5분이나 지나가 버린 상황. 시간을 들여 한 인사치고는 예의도 없고, 분위기도 어수선한 그대로다. 돌이켜 생각해 보면 수업 시간이 항상 부족해서 자주 쉬는 시간까지 수업이 이어지곤 했다. 그러고 나면 아이들이 또 자리에 늦게 앉는 악순환이 반복된다.

왜? 어째서?

'구령'은 개인의 의사와 관계없이 위에서 아래로 전달되는 명령이다. 여기에 생각은 필요치 않다. 구령은 많은 사람에게 동시에 같은 동작을 시키는 말이면서, 들은 그대로 따라야 한다는 특징을 가진다. 예를 들어 군대는 생명의 위협에 언제나 노출된 환경이기 때문에 반드시 구령에 따라야 한다. 구령을 듣고서도 이를 따를지 말지 각자 고민해서 판단한 뒤에야 움직인다면 그 자리에서 죽을지도 모른다. 또, 행진이나 매스게임처럼 일사불란한 움직임이 필요한 경우에도 구령이 활용된다.

　이를 교실 상황에 적용해 보자. 도대체 구령을 따라야 하는 이유는 무엇일까? 목숨이 달리지도 않았는데 구령에 자발적으로 따라야 할까? 더 파고들어 보면, 인사할 때 학급 임원이 구령을 붙이는 이유는 무엇일까? 구령에 담긴 의미를 파악하지 못한 채 문자 그대로 '구령'으로만 사용하기 때문에 실패하는 것이다.

여기서 반격!

'경례' 뒤에 차분한 음성으로 이렇게 묻는다.

반격의 한마디

"누구에게 인사를 하고 있나요?"

'무엇을 위해서'가 아니라 '누구에게'를 물어야 한다. '누구에게'라는 질문을 받으면 더 깊이 생각하게 된다. 보통 '선생님'이라고 대답하기 마련이다. 아이들은 '누가 또 있나?' 하는 표정을 지으며 의아해한다. 그때 이렇게 말한다.

　"인사는 눈앞에 있는 선생님뿐 아니라 함께 공부하는 친구, 아침에 잘 다녀오라고 배웅해 준 가족들, 수학 시간인 경우 수학 지식을 집대성한 수학자를 비롯해 관련된 모든 사람에게 감사하는 마음을 담아서 합니다. 그렇다면 어떤 태도로 인사를 해야 좋을까요? 스스로 생각해 보세요."

나아가, 수업 시작 전에 왜 '차렷'이라는 구령을 붙이는지 물어보아도 좋다(덧붙여 '차렷'은 똑바로 서서 하는 자세이므로 앉아 있을 때에는 '차렷' 구령을 하지 않는다. 용어에 담긴 뜻을 잘 생각하며 말할 필요가 있다). 학급 임원은 왜 "차렷, 경례"를 할까. 교사가 명확한 의도를 가지고, 아이들이 그 의도를 완전히 이해한 뒤에 따른다면 괜찮다. 인사 역시 생각이 깊은 아이를 길러내는 교육의 일환인 것이다.

성공의 비결

- 구령의 의미를 미리 가르쳐 기계적인 외침이 되지 않도록 한다.
- '누구에게 인사하고 있는가?'라는 물음을 던짐으로써 인사의 대상을 넓히고, 인사라는 행위의 의미를 깊이 이해시킨다.

허쌤의 교실 이야기

실제 구령에 따라 교사와 학생이 인사하는 나라는 한국. 일본. 중국 정도입니다. 미국이나 영국. 홍콩 등에서는 교사가 먼저 인사하면 학생이 답례하거나 출석을 확인하면서 학생 개개인과 인사를 합니다. 저희 반에서도 교과 전담 시간일 경우에만 학급 임원이 돌아가며 "차렷" 대신 "바로 서세요.", "경례" 대신 "인사합시다."라는 존중하는 말로 함께 인사하도록 하고 있습니다.

우리 반에서는 차승민 선생님께 아이디어를 얻어 학기 초부터 '미인종책'의 네 가지 태도를 강조합니다. '미'는 미안해, 고마워, '인'은 인사하기, '종'은 종 치면 자리에 앉기, '책'은 '책상 속 사물함 정리하기'의 준말입니다. 그중에서 '인', 인사하기 지도를 위해서는 '2018년 일본의 한 냉동 창고에서 5시간 동안 갇혀 죽을 뻔한 여직원은 어떻게 살았을까?'라는 실화로 아이들 관심을 불러일으킵니다.

냉동식품 가공 공장에서 일하는 한 여직원은 어느 날 퇴근하기 전 냉동 창고에 들어가 점검을 하던 중 "쾅!" 하고 문이 저절로 닫히는 바람에 갇히고 말았습니다. 깜짝 놀란 그녀는 목이 터지도록 소리치며 도움을 청했지만, 문밖에서는 아무런 반응도 없었습니다.

5시간이나 지나 여직원의 몸이 감각이 없을 정도로 얼어 있을 때, 냉동 창고 문틈으로 빛이 들어오더니 누군가 문을 열었습니다. 뜻밖에도 경비원 아저씨였습니다.

경비원 아저씨는 자기가 공장에 온 지 35년이 됐지만, 그 여직원 말고는 누구도 인사하는 사람이 없었다고 말했습니다. 그런데 그날 퇴근 시간이 됐는데도 그녀의 모습이 보이지 않자 이상하다는 생각이 들어 공장 안을 여기저기 찾아다니다가 냉동 창고까지 확인해 봤다는 것입니다.

"사람들은 모두 나를 별 볼 일 없는 사람으로 대했지만, 매일 나에게 인사를 해주니 늘 그 여직원이 기다려졌어요. 내가 그래도 사람대접을 받고 있구나 하고 느꼈거든요."

둘
수업 중 잡담이 너무 많을 때
▶ '얼굴의 생김새'를 생각하게 한다

'활발한 학급', 듣기는 참 좋은 말이다. 그러나 가만히 살펴보면, 선생님이나 발표자의 말이 채 끝나지 않았음에도 불구하고 여기저기서 끼어들며 말을 보태는 바람에 수업에 잘 집중하지 않는 학급이라는 뜻이기도 하다.

처음에는 끼어드는 아이들이 몇몇에 불과했기 때문에 선생님도 "조용히 들으세요." 하고 가볍게 주의를 시킬 뿐이었다. 그런데 얼마 못 가 모든 반 아이들이 다른 사람의 말을 잘 안 듣고 떠들게 되었다. 예전에는 그러지 않았던 아이들조차 수업 도중에 점점 입을 여는 지경에 이르렀다.

왜? 어째서?

선생님이 앞에서 뭘 해도 반응이 없고 분위기가 찬물 끼얹은 듯 조용해지는 학급은 수업을 진행하기 어렵다. 그러나 반대로 말 많고 수다스러운 학급 역시 수업이 힘들기는 마찬가지다. 이런 학급은 일부 '자기 의견을 주저 없이 말하는 아이'에게 수업의 주도권

이 있는 경우가 많다. 대개 이런 아이는 목소리가 큰 데다 머릿속에 떠오른 생각을 아무런 여과 없이 툭툭 내뱉어 버리곤 한다. 그렇기 때문에 학급 아이들이 모두 함께 깊이 생각해볼 만한 가치 있는 의견을 말할 가능성은 작지만, 수업의 중심이 그 아이에게 쏠려 버리곤 한다. 이렇게 되면 다른 아이들이 좋은 의견을 말해도 잘 들리지 않는다. 모든 학급 아이들에게 '경청의 중요성'을 이해시킬 필요가 있다.

여기서 반격!

이런 경우에는 사람 얼굴의 생김새와 한자의 구성 원리를 통해 경청의 중요성을 논리적으로 가르친다.

반격의 한마디

"왜 사람의 입은 한 개이고, 눈과 귀는 두 개씩일까?"

이는 듣기가 말하기보다 더 중요하기 때문이다. 아이들에게 사람 10명이 모여 있는 장면을 상상해 보게 한 뒤 다음과 같이 발문해 보자. "말을 잘하는 사람과 잘 듣는 사람 중 어떤 사람이 더 많아야 할까요?" 잘 듣는 사람이 없다면 모두 함께 이야기를 나눌 수 없게 된다. 어느 한 사람이 말하는 동안 나머지 아홉 명은 반드시 들어야 하는 것이다. 만약 모든 사람이 돌아가면서 골고루 말한다고 해도 시간으로 따지면 말하는 시간은 10%, 듣는 시간은 90%이다(실제로는 한 사람이 90% 말하고 나머지 아홉 명은 쭉 듣고 있는 경우도 적지 않다).

이어서 '들을 문(聞)'과 '들을 청(聽)'을 한자로 칠판에 크게 쓴다. '들을 문(聞)'은 귀(耳)에 음성이 들어오는 것 전체를 가리키지만, '들을 청(聽)'은 '경청(敬聽)'과 같이 정신을 집중해서 듣는 것만을 가리킨다. '들을 청(聽)'이라는 한자는 귀(耳)+눈(目)+마음(心), 즉 온몸으로 듣는다는 말이다. 이렇게 한 번 지도해 두면 그다음에는 "온몸으로 듣고 있나요?"라는 한마디만으로도 충분하다. 또, '소문난 잔치에 먹을 것 없다', '빈 수레가 요란하다' 등 속담의 의미를 함께 알려줘도 효과적이다. '잘 말하는 것' 이전에 '잘 듣는 것'이 더욱 중요하다는 것을 강조해 보자.

성공의 비결

• 공부하는 능력으로서는 '말하는 힘'보다 '듣는 힘'이 우선시된다.
• 온몸으로 듣는다는 것의 의미를 한자를 통해 깨우친다.

허쌤의 교실 이야기

학기 초부터 '배움 덕목'을 아이들과 함께 만들면 좋습니다. 아이들과 학기 초에 이렇게 이야기를 꺼냅니다.

"선생님은 여러분과 재미있고 즐거운 수업을 위해 매일 열심히 수업 준비를 합니다. 그런데 이런 생각이 들었습니다. 진짜 수업의 주인은 누구일까? 선생님일까요? 여러분일까요?

정말 배워야 할 주인공, 수업의 주인공은 여러분입니다. 그런데 왜 선생님만 수업 준비를 열심히 할까요? 여러분들이야말로 진짜 수업 준비를 열심히 해야 하지 않을까요?"

아이들이 의아해할 때 되물었습니다.

"그렇다면, 여러분이 할 수 있는 수업 준비는 어떤 게 있을까요?"

"선생님 말씀에 귀 기울여요."

"모둠 활동할 때에 함께 협력하여 참여해요."

"친구들이 말할 때 존중하며 바라봐요."

이렇게 아이들이 말한 내용을 단어로 줄여 '배움 덕목'이라고 부르고, 인쇄해 칠판에 붙여두었습니다. 예를 들어 모둠별로 역할극을 준비해 발표하는 수업이라면,

"오늘 모둠 역할극 발표할 때 가장 필요한 배움 덕목은 무엇일까요?"

"친구들 발표할 때 경청해야 해요."

"모둠 아이들끼리 서로 협력해야 해요."라고 대답이 나오면, '경청',

'협력'이란 두 단어를 칠판 위에서 내려 칠판 가운데에 붙입니다. 예를 들어 '경청'을 떼어 붙였다면, 아이들에게 따라 말하게 합니다.

"경청이란 우리 모둠 발표 준비가 덜 되었지만, 다른 모둠의 발표를 끝까지 봐주는 것."

셋
아이들을 조용히 시키고 싶을 때

▶ 다른 곳에 의식을 집중시킨다

언제나 떠들썩한 1학년 교실. 이번 시간에는 담임 선생님 대신 A 선생님이 들어왔다. 교실은 너무 소란스러워서 선생님 말씀에 차분히 집중할 수 없는 상황. "여러분, 이제 조용히 할까요?" 선생님이 친절하게 한마디했지만 쇠귀에 경 읽기. "조용히 하세요." "조용히 하렴." 점점 목소리를 높이던 선생님은 마침내 소리를 빽 지르고 말았다. "조용히 하지 못해!" 그럼에도 불구하고 아이들은 떠들기를 멈추지 않았다. 결국 담임 선생님이 다시 교실에 돌아와 아이들을 조용히 시킬 때까지 교실은 계속 시끄러웠다.

왜? 어째서?

조용히 한다는 것은 무엇일까.

원래부터 시끄러운 교실이라면 아이들의 귀는 소음에 이미 익숙해진 상태일 것이다. 그러면 교실이 아무리 소란스러워도 신경쓰지 않게 된다. 발표를 활발하게 하는 것과 시끄럽고 정신 사나운 것은 엄연히 다르다. 위 사례에서는 단순히 교실이 시끄러웠을 뿐이다. 차분하지 않은 교실 환경이라고 할 수 있다. 그리고 발표하는 아이가 무슨 말을 하는지 잘 들리지 않는 상황이다.

수업을 시작하려면 일단 조용해야 하고, 수업을 하는 중에도 조용해야만 선생님 말씀에 잘 집중할 수 있다. 교실 분위기가 조용하면 선생님이 수업 진행을 원활히 할 수 있고, 친구의 말도 잘 들리며 깊은 생각에 잠길 수도 있다. 조용한 교실 환경은 모든 아이에게 감사한 일이다. 그리고 이 '조용한 교실'은 담임 선생님이 만들어야 한다.

여기서 반격!

아이들이 좀처럼 가라앉지 않는 것 같다면 이렇게 말해보자.

반격의 한마디

"○○의 소리를 들어보자. "

'○○의 소리'란 곤충 소리, 바람 소리, 빗소리, 음악실에서 들려오는 소리 등 모든 것이 될 수 있다. 모든 아이가 입을 다물고 조용히 귀를 기울이는 경험이 중요하다.

이때 '조용히 하자'라는 말을 직접 하지 않는다. 소리를 들으려면 어차피 모두 조용히 해야 하는 것이다. 일본의 국어교육 전문가 이와시타 오사무의 'A 시키고 싶으면 B라고 말하라'라는 유명한 원리다.

　'조용함'이란 청각적으로 쓸데없는 정보가 들어오지 않는 상태를 가리킨다.

　'조용함' 속에서는 교사의 지시가 귀에 쏙쏙 들어온다.

　'조용함' 속에서는 친구의 말이 잘 들린다.

　'조용함' 속에서는 사고가 깊어진다.

　'조용함'은 특별한 도움을 필요로 하는 아이는 물론 모든 아이가 공부하기 좋은 환경이다.

　'조용함'을 만드는 체험을 통해 아이들이 조용한 교실의 장점을 체감하도록 해 보자.

성공의 비결

- '조용함을 만드는' 체험을 한 번이라도 모든 아이와 공유하고 그 장점을 체감한다.
- 'A 시키고 싶으면 B라고 말하라'와 같이, 간접적인 발문을 통해 '조용함'을 만들도록 한다.

허쌤의 교실 이야기

수업이 재미없어서 아이들이 지루해하며 떠드는 게 아니라 수업을 시작할 때부터 아이들이 떠들고 있다면, 이건 교실에서 '떠드는 습관'이 만들어진 경우일 수 있습니다. 일단 학기 초부터 수업을 시작하기 전에 펼쳐야 할 운동은 세 가지입니다.

첫째, 아침에 학교 오자마자 오늘 공부할 교과서 책상 속에 정리하기

이게 약속되지 않으면, 공부 시작할 때마다 뒤쪽 사물함으로 가서 교과서를 가져오느라 2~3분 어수선한 분위기로 수업 시간을 빼앗기게 됩니다.

둘째, 쉬는 시간 종 치면 다음 시간 교과서 책상 위에 올려놓기

쉽지 않지만, 선생님이 학기 초부터 다음 시간 교과서를 꺼내 놓도록 지시, 확인해 주면 조금씩 나아집니다.

셋째, 수업 종 치기 1분 전에 자리에 앉기

고학년들도 가장 지켜지지 않는 게 수업 종 치기 전에 자리에 앉는 것 아닐까 싶습니다. 우리 반에서는 '의미 있는 기여'(일인일역) 활동을 통해 수업 종 치기 1분 전에 한 아이가 교실 앞으로 나와 "수업 시작 1분 전입니다."라고 외칩니다. 때론 요즘 함께 부르는 플래시 동요를 틀어놓기도 합니다. 3월에는 '도라지꽃' 플래시 동요를 1분 전에 틀어주면, 아이들이 자연스럽게 보드게임 등을 하다가도 정리하고 자기 자리로 돌아갑니다. 선생님이 고함지르는 것보다 백배 낫습니다.

넷
여러 번 말해도 규칙이 잘 안 지켜질 때
▶ 같은 말을 여러 번 반복하지 않는다

학급에는 다 함께 지켜야 할 여러 가지 규칙과 약속이 있다. '복도에서 뛰지 않는다'라는 안전에 관련된 규칙부터 '신발을 가지런히 정리한다', '바른 자세로 앉는다', '인사를 잘한다' 등 생활태도에 관한 것까지 다양하다. 그래서 규칙을 잘 지켜달라고 매일매일 아이들의 귀에 딱지가 앉도록 주의를 준다. 그런데 아무리 이야기를 해도 지키는 아이들은 몇몇에 불과하고, 다른 아이들은 한 귀로 듣고 한 귀로 흘릴 뿐이다. 매일 똑같은 잔소리를 하다 보니 이제는 규칙을 지키라고 말하는 자신에게 자괴감이 들 지경이다.

왜? 어째서?

"도대체 몇 번을 말해야 알아듣겠니!" 아마 이 세상 모든 부모님과 선생님이 입에 달고 사는 말일 것이다. 여기에는 '말로 하면 알아듣겠지'라는 잘못된 믿음이 숨어 있다. 말로 해서 될 일이라면 옛날 옛적에 이미 다 해결됐을 것이다. 상식적으로 생각해 보면, 말한다고 고쳐지는 문제라면 예전 담임들이 이미 다 고쳤을 것이다. 그 수많은 시련을 뚫고 온 용사가 바로 지금 당신의 눈앞에 서 있는 아이다. "몇 번 말해야 알아듣겠니!" 하고 선생님에게 혼이 날 때 아이의 솔직한 심정은 '몇 번 들어도 까먹는 걸 어떡하라고' 일지도 모른다.

이는 선생님이 하는 말에 절실함이 담겨있지 않기 때문이다. 중요하다는 것은 안다. 절대로 일부러 규칙을 어기거나 나쁜 의도로 저지른 일은 아니다. 단지 자기 일이 아니라고 여길 뿐이다. 이런 태도를 얼마나 '어떻게 해야 하는지 알고 싶다, 고치고 싶다'로 바꾸는지가 포인트다. 그리고 규칙은 많을수록 지키기 어렵다. 이점도 명심해야 한다.

여기서 반격!

매일같이 혼내기만 하지 말고 긍정적인 관점으로 접근해 보자.

반격의 한마디

"예전보다 나아지고 있어!"

이 말에는 근거가 없다. 사실도 아니다. 그러나 담임 선생님이 그렇게 생각한다는 것 자체가 아이에게는 '사실'이다. 정확히 표현하자면 "나아지는 것 같기도 해." 또는 "제발 부탁이니 좀 나아졌으면……."에 가깝지만, "더 나아지고 있어."라는 단정적인 말투가 목적을 달성하는 데 가장 효과적이다. 게다가 현재진행형 표현이므로 꼭 거짓말이라고만 할 수는 없다. 선생님이 소리 내어 말한 그 순간 아이는 한 걸음 더 나아간다. 심리학에서 일컫는 '피그말리온 효과'가 작용한다.

또, 나아졌다는 말을 들으면 그 상태에서 더 나빠지기란 힘든 법이다. 이때 칭찬의 포인트는, 여러 가지 문제점 중에서 딱 하나만 공략해야 한다는 점이다. 이것저것 다 마음에 안 들더라도 한 가지에만 집중해야 한다.

성공의 비결

- 항상 똑같은 말로 혼내봤자 효과는 없다는 점을 명심한다.
- 아이가 고쳤으면 하는 점을 근거 없이 칭찬한다.
- 여러 가지 문제점을 고치려는 욕심을 버리고 한 가지에 집중한다.

허쌤의 교실 이야기

무기력하고 반복해 잘못을 저지르는 아이들에게 효과적인 방법이 바로 '작은 성공을 맛보게 하는 것'입니다. '작은 습관'이란 습관 목표를 작게 잡아야 피곤하고 의지력이 고갈된 힘든 날도 뇌의 거부감을 이겨내고, 습관 실천에 성공할 수 있습니다. 저명한 사회학자 앨버트 반두라(Albert Bandura)는 사람이 무언가를 하면서 자신이 잘한다는 느낌을 받는 것을 '자기 효능감(Self-efficacy)'이라고 했습니다. 자기 효능감에 영향을 미치는 요소는 여러 가지가 있지만, 직접 경험해보는 '수행 성취'가 가장 강한 영향을 미칩니다. 직접 해보고 성공의 경험을 느끼는 것이 수행 성취입니다. 일단 성공했다는 성취감을 맛보면 지속해서 다음 목표를 향해 나아갈 에너지를 얻게 됩니다.

그 아이가 못마땅한 점이 정말 많지만, 이번 주 동안에는 '수업 종소리가 나면 자리에 앉기'만 목표로 삼습니다. 이런 작은 성공들이 차근차근 쌓이면 됩니다.

다섯
스스로 하고자 하는 의욕이 없을 때
▶ 거꾸로 묻는다

언뜻 보기에 조용하고 차분한 반. 그런데 어딘지 모르게 무기력해 보인다. 담임인 A 선생님은 야무지고 센스 있으면서도 세심하게 잘 챙겨주는 스타일. 사소한 부분까지 빈틈이 없는데다 아이들이 잘하지 못하고 꾸물거린다 싶으면 본인이 대신 나서서 싹 해준다. 교실 환경도 주로 선생님이 컴퓨터로 만든 게시물로 채워져 있어서 겉보기에는 무척 깔끔하다.

그러나 A 선생님이 없으면 아침 독서도 시작하지 않을뿐더러, 급식 준비마저 엉망진창이다. A 선생님이 출장 등으로 자리를 비웠을 때 보결로 들어온 선생님들은 이구동성으로 "그 반은 아이들끼리만 있으면 되는 게 하나도 없어요."라고 평가했다.

왜? 어째서?

이 사태의 원인은, 학급의 모든 아이가 점점 선생님의 지시만을 기다리게 되었기 때문이다. 선생님이 아이들에게 뭘 어떻게 하라는 지시를 내리면 아이들은 그대로 움직인다. 이런 일이 반복되면 위험하다. 어떻게 하라는 지시로만 이루어진 명령은, 생각하지 않고 시키는 대로만 움직이는 '명령 대기조 인간'의 제조 공정과 같기 때문이다(나는 이를 '로봇화'라고 부른다). 이 반 아이들은 일견 고분고분해 보이지만 커다란 결함을 안고 있다. 바로 선생님의 지시 없이 스스로 움직이려 하지 않는다는 점이다. 생각 없이 지시를 따르기만 하면 모든 일이 순조롭게 흘러가기 때문에, 예전에는 나서서 했던 아이들도 스스로 생각해서 움직이지 않게 된다. 학교는 의사결정을 스스로 할 수 있는 사람을 기르는 장소여야 한다.

여기서 반격!

자신의 의사를 스스로 결정하는 능력은 평소 '왜', '어째서'를 되묻는 능력과 관계가 깊다. 이 능력을 기르기 위해서는 거꾸로 생각해보는 습관이 도움이 된다. 왜 그래야 하는지, 무엇을 위해 그래야 하는지 아래와 같은 반문을 통해 생각해보도록 한다.

반격의 한마디

"00하지 않으면 어떻게 될까?"

구체적인 질문 예시는 다음과 같다.

- 인사를 하지 않으면 어떻게 될까요?
- 아침에 책상 서랍을 정리하지 않으면 어떻게 될까요?
- 청소를 하지 않으면 어떻게 될까요?

살짝 응용하여 다른 선택지를 제시해 보는 것도 좋다.

- 청소할 때 역할분담을 하지 않으면 어떻게 될까요?
- 연필이 아니라 샤프로 글씨를 쓰면 어떻게 될까요?

이런 질문을 수시로 던지면 아이들은 '왜', '어째서'를 생각하며 행동하게 된다. 또 한 가지, 아이들에게는 "선생님이 없을 때 잘해야 정말로 잘 하는 것이다."라는 말을 자주 해 두어야 한다. 자신이 학급의 주인이라는 생각을 가지고 자긍심을 뿌리내리게 하는 것이다.

성공의 비결

- 선생님 말씀을 기계적으로 따르는 아이를 칭찬하거나 인정하지 않는다.
- 번거롭더라도 수시로 "왜?"라고 묻는다. 의사결정을 스스로 할 수 있는, '진짜 똑똑한 아이'를 기른다.

허쌤의 교실 이야기

아들러는 교육의 목표를 '자립'이라고 했습니다. 『미움받을 용기 2』에서 철학자는 "'선생님 덕분에 졸업할 수 있었습니다'라거나 '선생님 덕분에 합격했습니다'라는 말을 들었다면, 그 교사는 진정한 의미의 교육에는 실패했다고 봐야 하네. 학생들이 스스로의 힘으로 이루어냈다고 느끼게 하지 않으면 안 돼."라고 말합니다.

그러려면 '과정'에 초점을 맞추어 칭찬하는 교실 문화를 만들어야 합니다. "너 정말 착하다.", "참 똑똑하구나."처럼 능력을 칭찬하지 않고 '노력', '과정'을 격려해주는 교실에서 아이들은 스스로 자존감을 키우며 '성장'할 수 있습니다.

"심부름을 도와줘서 고마워요."

"네가 이번 시험을 위해 얼마나 열심히 노력했는지 지켜볼 수 있어서 뿌듯했단다."

여섯
청소를 제대로 하지 않을 때
▶ 단점보다는 장점에 초점을 맞춰 칭찬한다

청소 시간, 담임인 A 선생님은 아이들이 특별 구역 청소를 열심히 하고 있는지 매일같이 돌아다니며 검사를 한다. 노는 아이가 눈에 띄는 족족 혼을 내고, 교실에 올라와서도 여러 차례 잔소리 세례를 퍼부었다. 그러자 모든 아이가 땀을 뻘뻘 흘리며 열심히 청소하는 모습을 보여 주었다. 그러나 청소가 끝난 뒤 특별 구역을 다시 돌아보면 이상하게도 청소가 깨끗이 되어 있기는커녕 먼지가 굴러다니는 더러운 상태 그대로였다. 사실 아이들은 선생님이 검사하러 오는 타이밍을 예측해서 그때만 열심히 하는 척했던 것이다. 더러운 특별 구역 못지않게 아이들의 마음도 혼탁해져 있었다.

왜? 어째서?

사람의 뇌는 보고 싶은 것만 보는 성질이 있다고 한다. 또, 사람은 자신이 보는 것을 닮는다고도 한다. 즉 좋은 점에 주목하면 좋은 점만 보이기 때문에 실제로도 좋아지고, 나쁜 점에 주목하면 나쁜 점만 보이기 때문에 실제보다 더욱 나빠진다는 말이다.

이 사례에서는 선생님이 나쁜 점에만 쭉 주의를 기울인 나머지 그런 모습만 보이게 된 것이다. 어떻게 하면 안 혼날 수 있는지, 어떻게 하면 선생님께 안 걸리고 농땡이를 피울 수 있는지를 가르친 셈이다. 근본적으로 바람직하지 않은 대처였다. 선생님의 점검이 '순찰'이 되어버린 것이다.

여기서 반격!

청소가 끝난 뒤 열심히 한 아이를 공개적으로 칭찬한다. 다음과 같이 말해 보자.

반격의 한마디

"네가 있어서 참 다행이야."

즉 잘한 아이에게 초점을 맞춘다. 청소의 경우 주변 아이들이 장난을 치든 말든 신경 쓰지 않고 자신이 맡은 일에 집중하여 최선을 다하는 아이들이다. 또는 친구들의 몫까지 도와주는 아이들이다. 청소 한 번으로는 쉽게 판단할 수 없으므로, 꾸준히 관찰하여 칭찬받을 만한 행동을 하는 아이를 단 한 명이라도 찾아내도록 한다. 그 아이가 청소를 어떻게 했는지, 그 모습에 선생님이 어떻게 감동받는지 되도록 구체적으로 칭찬한다. 그리고 모든 아이 앞에서 "네가 있어서 참 다행이야."라고 공개적으로 칭찬한다.

이어서 이렇게 말한다. "왜냐하면 네가 다른 아이들을 그렇게 만들고 있기 때문이란다." 그리고 훈화를 하나 들려준다. 일본 교토에 있는 '깨달음의 채소 가게'에서 유래한 〈마요네즈 만드는 비법〉이라는 이야기다.

"마요네즈는 달걀, 기름, 식초를 섞어서 만들지요. 그런데 이 세 가지는 쉽게 섞이지 않습니다. 그런데 어떤 물질을 단 한 방울 넣는 것만으로 순식간에 모두 섞여버린답니다. 도대체 무엇을 넣었을까요? …정답은 순수한 마요네즈 한 방울입니다. 누구나 이 순수한 한 방울이 될 수 있습니다. ○○이, 이 친구 덕분에 이제 우리 반 모든 친구가 청소를 깨끗이 할 수 있게 됩니다. 그러면 내년에 우리 반 친구들이 있는 모든 반 학생이 청소를 깨끗이 할 수 있게 됩니다. 나아가 학교 전체가 깨끗해집니다. 선생님이 이 친구에게 도움을 많이 받았네요."

이렇게 지도한 뒤에는, 이 이야기에 감화를 받아 개선된 아이를 찾아 반드시 칭찬해 주어야 한다.

성공의 비결

- 좋지 않은 점은 일단 눈감고 넘어가되, 좋은 점에 초점을 맞춰 칭찬해 준다.
- 검사는 열심히 하는 아이를 칭찬해 주기 위한 행위라는 점을 명심한다.

허쌤의 교실 이야기

교실에서 바닥에 쓰레기가 버려져 있으면, 종종 교사는 화가 나 누가 버렸냐고 소리칩니다. 그런데 그런 분위기에서 나오는 아이들은 없습니다. 그러면 교사는 쓰레받기와 비를 가져와 본인이 청소를 하며 다음에 또 이런 일이 있으면 가만 안 두겠다고 씩씩거리기도 합니다. 그런데 이것을 '감정에 친절하고 행동에 단호해야 한다'는 원칙에 비추어볼까요? 끊임없이 짜증을 냈으니 감정에는 단호한데, 행동은 직접 청소를 하며 한없이 친절합니다. 아이들은 다시 교실에 쓰레기가 버려지면 어떤 생각을 하게 될까요? 맞습니다. '또 선생님이 치우겠지!' 결국 교실에서 쓰레기를 버린 아이들의 감정은 공감해주되, 행동은 어떻게 해야 하는지 지켜봐 주어 다시 제대로 할 수 있도록 해야 합니다. 단호함은 무섭게 대하는 게 아니라 원칙을 지키게 하는 것, 책임지게 하는 것이기 때문입니다.

일곱
발표하는 아이들만 발표할 때
▶ 정답을 중시하는 태도를 버리자

어느 학급회의 시간. 아이들은 학교 축제 때 무엇을 할지 이야기를 나누고 있었다.

귀신의 집, 과자 파티, 전교 술래잡기 등 다양한 의견이 쏟아졌지만 학교 사정상 아무것도 할 수 있는 것이 없었다. 담임 선생님은 아이디어가 나오는 족족 "이건 이래서 안 돼, 저건 저래서 안 돼." 하며 반려하기 일쑤였다. 아이들의 의욕이 점점 사라지면서 몇몇 모범생들 이외에는 아무도 의견을 내지 않게 되었다. "뭐든지 좋으니까 자유롭게 말해 봐"라는 담임 선생님 말씀도 아이들에게 전혀 와닿지 않았다.

왜? 어째서?

학급회의 운영을 전적으로 아이들에게 맡기려면 먼저 '너희끼리 자유롭게 해 봐'라는 허락을 해 주어야 하고, 그 결과에 책임을 진다는 각오도 필요하다. 즉 회의하는 방법을 어느 정도 가르친 다음, 아이들끼리 해결할 수 없는 곤란한 일이 생겼을 때만 선생님이 끼어든다는 약속을 한 뒤 지켜보는 것이다. 회의를 진행하는 도중 선생님이 일일이 아이들 의견에 토를 달면 회의를 맡겼다고 볼 수 없으므로 결국 자유로운 논의는 기대할 수 없다. 훌륭한 의견만 인정하고 칭찬한다면 '선생님은 어떤 의견을 바라는 걸까?' 하고 교사의 눈치를 살피는 재미없는 학급회의가 된다. 학급회의 뿐만 아니라 평소 수업도 마찬가지다. 선생님 마음속 정답을 찾는 수업이 되풀이되면 결국 수업은 알아맞히기 식이 되고 만다. 먼저 교사가 기대하는 대로 만들려는 마음을 버릴 필요가 있다.

여기서 반격!

원래 좋은 아이디어는 쉽게 나오지 않는다. 실현이 불가능한 것이라도 좋으니 되도록 많은 아이디어를 생각해 내는 것이 중요하다. 그중에서 "바로 이거다!"라고 누구나 인정할 만한 아이디어를 하나 발견하면 된다. 그러므로 아이들이 발표를 활발히 했을 때는 이렇게 말한다.

반격의 한마디

"손들고 이야기한 것만으로 100점 만점!"

즉, 훌륭한 의견을 내는 것을 중시하지 않는다. 모든 의견을 인정해 주고, 되도록 많은 아이가 손을 들어 발표하는 학급회의를 목표로 삼는다.

학급회의를 통해 무엇을 이루고자 하는지 생각해보자. 우리나라의 2015 개정교육과정 총론에 제시된 자율 활동-자치·적응활동의 목표는 다음과 같다. '성숙한 민주시민으로 살아갈 수 있는 역량을 함양하고, 신체적·정신적 변화에 적응하는 능력을 길러 변화하는 환경에 적극적으로 대처한다.' 즉 학급활동의 목표는 자치 능력의 향상이다. 교사가 사사건건 끼어들어 조종하기 위한 활동이 아니라는 것이다. 먼저 '참여'시킬 것. 이를 위해서는 한 명이라도 더 많이 의견을 내도록 할 것. 아이디어를 낸 행위 자체에 "좋은 생각이야!"라고 말해주는 학급 분위기를 만들도록 한다.

성공의 비결

- '좋은 의견'을 바라지 않는다. 질보다 양을 중시한다.
- 학교 사정보다는 아이들의 성장을 우선시한다.

허쌤의 교실 이야기

자유로운 발표가 나오려면, 학급회의를 원 대형, 즉 책상은 벽으로 밀고 의자만 가져와 동그랗게 앉는 것이 좋습니다. 이때 선생님도 아이들 사이에 들어가 이렇게 이야기합니다. "이렇게 우리가 처음도 끝도 없이 원으로 앉아 있는 이유는 우리가 연결되어 있다는 것을 상징합니다. 선생님도 여러분도 모두 같이 의자에 앉아 있는 까닭은 우리가 서로 동등하다는 것을 상징합니다." 아이들에게 이렇게 동그랗게 모일 때의 좋은 점은 무엇인지 물어보면, 예외 없이 모두를 볼 수 있어서 좋다고 대답합니다. 하지만 하나 더 좋은 점이 있습니다. 바로 손을 든 아이만 발표하지 않고, 반 아이들 모두가 돌아가며 말할 기회를 가진다는 것입니다. 우리 반의 경우는 교실에 교실 마스코트 인형이 있습니다. 아이들이 함께 정한 이름은 '호랭이', 이 호랭이 인형은 시계 방향으로 도는데, 이 인형을 가진 아이만 이야기할 수 있고, 부담스러우면 "통과"라고 외치고, 인형을 다음 친구에게 넘겨주면 됩니다.

이때 더 많은 아이의 참여를 원한다면, '시간의 흐름에 따른 격려'가 특히 효과적입니다. '경쟁'은 언제나 '이전의 나'와 하는 것! 아이들이 손을 들고 참여한 경우 학기 초에는 숫자를 헤아려 표시해 두고, 그다음에 이렇게 이야기합니다. "지난번에는 7명이 발표했는데, 오늘은 10명이 발표했습니다. 우리 반이 점점 스스로 자신의 의견을 내고 발표하려고 노력하는 학생들이 많아져서 정말 기쁩니다."

여덟
모든 아이와 소통하고 싶을 때

▶ 일기를 활용하라

A 선생님은 성실한 성격으로 모든 아이를 세심히 보살핀다. 쉬는 시간만 되면 이야기를 잘 들어주는 A 선생님의 책상 주변으로 아이들이 구름처럼 몰려온다. 한 아이의 이야기가 끝나기 무섭게 다른 아이가 입을 여는 바람에 말을 끊기 힘들어 수업이 종종 늦게 시작되기도 한다. 그래도 아이들의 마음을 휘어잡았다는 사실 하나만으로 A 선생님은 만족스러웠다.

그러던 어느 날, B의 부모님이 상담을 와서 "A 선생님은 우리 아이에게 아무 관심이 없으시네요."라고 하는 것이다. B는 어른스럽지만, 굳이 표현하자면 눈에 띄지 않는 아이였다. 그리고 보니 B가 쉬는 시간에 선생님에게 말을 걸어온 적은 한 번도 없었다. 얼마 후 C, D의 부모님도 비슷한 불만을 토로했다. 모든 아이와 잘 지내고 있다고 자부해 온 A 선생님은 크게 상심하고 말았다.

왜? 어째서?

선생님 책상에 스스럼없이 다가오는 아이들은 원래부터 자기주장이 강하고 의사소통 능력이 높다. 선생님 입장에서는 굳이 친해지려고 노력하지 않아도 친해지기 쉬운 아이들이라고 할 수 있다. 그렇다면 선생님과 이야기를 나누러 자발적으로 다가오지 않는 아이들은 선생님과 친해지고 싶지 않다는 뜻인가? 절대 그렇지 않다. 이야기를 나누고 싶어도 그렇게 하기가 힘든 것이다. 이러한 아이들은 처음에는 선생님을 좋아하지만 얼마 안 가 불만을 품기 쉽다. 몇몇 활달한 아이들에게 시선을 빼앗겨 전체 아이들을 보듬는 일에 태만해진다면 학급경영에 위기가 닥칠 수 있다는 점을 명심해야 한다.

여기서 반격!

아이들이 하는 말에 하나하나 귀를 기울여주기란 정말 힘든 일이다. 그러나 자기 이야기를 좀 들어주었으면 하고 마음속으로 바라는 아이는 분명히 있다. 이렇게 반격해 보자.

반격의 한마디

"하고 싶은 말을 일기에 써 보렴!"

다양한 일기 지도 방법이 있지만 매일 쓰게 하는 것, 모든 아이가 쓰게 하는 것이 중요하다. 분량은 점점 늘려가도록 하는 편이 바람직하므로 처음에는 좀 짧게 써도 괜찮다.

이 '반격'으로 인해 활달하고 수다스러운 아이들은 '쓴다'는 행위에 대해 깊이 생각하게 된다. 기억에 남는 일이 있었다면 길게 쓸 것이고, 그렇지 않다면 짧게 쓰고 말 것이다.

또, 말주변이 없는 아이와는 일기로 대화를 나눌 수 있다. 일기로 쓰면, 말주변이 없어도 그날 있었던 일이나 고민을 선생님에게 충분히 전할 수 있다. 글만 썼을 뿐인데 마음이 좀 후련해지기도 한다. 일기라는 자기표현의 장을 만들어 주면 학급 아이들의 이야기를 골고루 들을 수 있고, 위 사례와 같은 불만을 사전에 잠재울 수 있다.

성공의 비결

- 활달한 아이들에게 끌려가지 않기. 하지만 제대로 상대해 주기.
- 눈에 잘 띄지 않는 아이에게도 시선을 주기. 이야기를 하지 않는 것과 이야기를 하고 싶지 않은 것은 다르다.

허쌤의 교실 이야기

어느 날, 같은 학년 선생님이 찾아와 물었습니다. "난 요즘 아이들이 무슨 생각하는지를 모르겠어요." 선생님께 혹시 일기 지도를 하느냐고 여쭈었더니 2004년 국가인권위원회가 초등학생 일기장 검사를 인권 침해라고 규정한 뒤로는 하지 않고 있다고 하셨습니다. 그래서 간단하게 아침 자습 때 '두 줄 쓰기'로 아이들이 짧게 글쓰기를 시켜보지 않겠냐고 권해드렸습니다. 제가 게을러 일일이 답글을 달아 주지도 않습니다. 9시 수업을 시작하기 5분 전에는 아이들에게 "잠자는 공주"라고 외칩니다. 아이들은 모두 얼굴을 책상에 기대고 눈을 감습니다. 이때 친구들의 글을 하나하나 읽어줍니다. 유민이는 엄마가 아파서 걱정이고, 선영이는 어제부터 감기 기운이 있어서 힘들어하는, 각자의 사정들을 두 줄 짧은 글 속에서 읽어냅니다. 유민이를 대할 때는 엄마가 어떠신지 물어보고, 선영이가 아프니 옆에서 챙겨주는 예쁜 아이들을 만나게 될 것입니다.

아홉
학급에 문제가 생겼을 때

▶ 자율적으로 해결할 수 있도록 학급회의를 활용한다

A 선생님의 반에는 아이들 사이에 사소한 갈등이 자주 발생한다. 그럴 때마다 선생님이 나서서 해결해 주곤 했다. 아이들은 뭐든지 해결해 주는 A 선생님을 신뢰하고, 무슨 일이 생겨도 A 선생님에게 맡기면 다 해결된다고 생각했다.

그런데 2학기가 다 지나가도록 갈등은 줄어들 기미가 보이지 않았다. 게다가 해결은 늘 A 선생님의 몫이었다. 주위에서는 큰 문제 없이 안정된 학급으로 평가했지만, 새 학년에 올라간 뒤에도 그 반 출신 아이들은 비슷한 갈등을 자주 일으키곤 했다.

왜? 어째서?

문제가 생길 때마다 어른이 선수를 쳐서 해결해 버리는 전형적인 사례다. 이러한 실패는 가정에서도 마찬가지로 일어날 수 있다. 아이들에게 필요한 것은 문제를 해결할 수 있는 힘을 길러주는 것이다. 노자는 '수인이어 불여수인이어(授人以魚不如授人以漁)'라고 하였다. 풀이해 보면, 물고기를 주기보다는 물고기를 잡는 법을 가르쳐 주라는 뜻이다. 직접 해 주지 말고 하는 방법을 가르쳐 줘야 한다는 것이다. 갈등은 사람을 성장시키기 위해 하늘이 준 시련이며 기회라고 생각할 수도 있다. 굴러들어온 기회를 걷어차 버리는 행위는 지양해야 한다. 갈등은 문제해결력을 기르는 가장 큰 기회다.

여기서 반격!

선생님이 아니라 아이들이 스스로 해결하도록 한다. 문제가 생기 거나 선생님에게 도움을 요청할 경우, 다음과 같이 반격한다.

반격의 한마디

"학급회의 의제로 삼아 보자꾸나!"

단, 학급회의를 아이들이 직접 운영해야 한다는 전제가 있어야 한 다. 즉 학급회의 시간은 다른 수업과 달리 자신들이 스스로 이끌 어가는 시간이라고 인식하게 만든다. 학급회의 의제로 제출된 사 안은 아이들끼리 논의하여 스스로 해결하도록 만들어야 한다.

이를 위해서는 학급회의를 여는 것이 효과적이다. 학급회의에 대한 여러 도서 중 몇 권을 권해 드린다.

이영근 지음. 『학급회의 +더하기』, 2017, 현북스.

강현경 외. 『회복적 생활교육으로 학급을 운영하다』, 2018, 교육과 실천.

성공의 비결

- 학급의 문제를 '우리의 문제'로 인식하게 만들고 책임감을 심어 준다.
- 교사는 학급의 코디네이터로서 상담에 충실히 임한다. 그러나 동시에 최고 책임자이기도 하다는 사실을 잊지 않는다.

허쌤의 교실 이야기

우리 반의 경우에는 매주 금요일 6교시는 고정으로 '학급평화회의' 시간을 약속했습니다. 더 시간을 절약하려면, 평소에 아이들에게 학급회의 의제를 받아두면 좋습니다. 학급회의는 '좋아바', 즉 한 주 동안 보내며 좋았던 점, 아쉬웠던 점, 바라는 점으로 나누어 차례차례 아이들이 진행합니다. 이때 아쉬웠던 점과 바라는 점의 차이는, '바라는 점'의 경우 의제로 상정해 투표까지 진행된다는 점입니다.

예를 들어 미선이가 "요즘 교실 뒤에서 아이들이 보드게임을 하는데, 지나다니기 불편합니다. 대책이 필요합니다."라고 학급회의 의제를 올리면, 칠판에 기록하고 아이들끼리 토의가 시작됩니다. 실제로 여러 의견이 나오고, 우리 반 아이들 대다수가 투표로 결정한 의견은 '마킹테이프로 보드게임 구역을 만들어 그 안에서만 보드게임을 한다!'였습니다.

열
갈등에도 기회에도

▶ 학급의 목표를 상기시키자

A 선생님 반 아이들은 활달하지만 사건, 사고가 끊이지 않는다. B 선생님 반 아이들은 사고를 치지는 않지만 전반적으로 무기력하다. 이러다 나아지겠지 싶었지만, 한 해가 다 가도록 아이들의 상태는 나아지기는 커녕 점점 더 심해질 뿐이었다.

한 해를 되돌아보는 글을 써 보게 하니, 자신이 그동안 어떻게 성장했는지 쓴 아이들은 많았지만 학급 전체의 성장에 관해 쓴 아이들은 거의 없었다. 나름대로 그때그때 열심히 했다는 뿌듯함과 아쉬움이 섞인 기분에 젖은 채, 아이들은 다음 학년으로 뿔뿔이 흩어지고 말았다.

왜? 어째서?

야구팀 혹은 축구팀처럼 대회 우승이라는 공동의 목표를 항상 가지고 있는 집단은 나아가고자 하는 방향이 명확하다. 애초에 그것을 하고 싶어서 모인, 취미나 흥미의 대상이 같은 집단이기 때문에 특별히 목표를 내세우지 않아도 어느 정도 한 팀으로 뭉칠 수 있다.

한편 학급은 목표를 일부러 의식하지 않으면 오합지졸이 되기 십상이다. 학급 구성원들이 원해서 모인 집단이 아니기 때문이다. 학급은 개인의 의사와 관계없이 우연히 모인 집단이라고 할 수 있다. 따라서 학급 구성원 개개인이 자기 멋대로 목적 없이 행동하다가는 집단으로서 단결하지도, 앞으로 나아가지도 못한다. 목표가 애매하면 갈등으로 발전하거나 성장의 기회를 놓치기도 한다. 이 부분을 정리해 주는 것이 학급 목표이다. 즉, 문제 해결의 열쇠는 학급 목표의 의식화에 달려 있다.

여기서 반격!

학교 행사, 평소 수업, 청소 시간 등등 때와 장소를 가리지 않고 아이들에게 이런 질문을 던져 본다.

반격의 한마디

"우리 반의 목표에 가까워지고 있나요?"

이런 질문을 던지기 위해서는 먼저 학급의 목표가 있어야 한다. 학급 목표가 없으면 해당 수업, 해당 활동의 목표라도 상관없다. 그러나 학급의 목표가 세워져 있으면 모든 장면에서 공통적으로 이용할 수 있다. 즉 그 활동을 통해 목표를 달성했다면 O, 그렇지 않으면 X라는 것이다. 아이들이 목표를 직접 설정했다면 설득력이 더욱 높아진다.

그리고 이 이야기도 함께 하면 좋다(이 이야기는 국어의 대가인 노구치 요시히로의 말을 참고했다).

"우리 반은 망망대해에 떠 있는 배와 같습니다. 배에 타고 있는 모든 사람이 자기 마음대로 노를 젓는다면 어떻게 될까요? 제자리에서 뱅글뱅글 돌고 있을 뿐이겠죠. 목표를 향하여 힘을 합치기 때문에 비로소 도달해야 할 곳에 가까워지는 법이에요. 우리 반의 목표에 도달할 수 있도록, 모두 힘을 합쳐 앞으로 나아갑시다."

또한 학급 목표를 설정하는 방법에 대해서는 다음 책을 추천한다.

허승환, 『허쌤의 학급경영코칭』, 2015, 테크빌교육.

성공의 비결

- 학급 목표를 향해 다 함께 나아갈 때 비로소 한 팀이 될 수 있다.
- 학급 목표를 상기시키고, 같은 방향을 바라보게 한다.

허쌤의 교실 이야기
....

초임 교사들은 종종 즐거운 관계, 좋은 친구가 되는 것으로 만족하지만, 좋은 교사에게는 아이들에 대한 높은 기대가 있습니다. 부모와 같은 교사가 되려면, 좋은 관계와 함께 아이에 대한 기대, 만들고 싶은 우리 반의 이미지가 그려져야 합니다. 저는 아이들과 만난 첫 주에 "여러분이 다니고 싶은 천국과 같은 교실은 어떤 교실입니까?"라고 묻고, 아이들의 의견을 하나하나 정리하여 우리 반 공동의 목표를 만들고, 교실 앞 벽에 게시합니다. 2016년 우리 반이 함께 정한 공동의 목표는 "건강하고, 재미있고, 고운 말을 쓰는 반"이었습니다. 일 년 동안 이 목표를 이루기 위해 정말 큰 노력을 기울였습니다. 평소 욕을 하던 아이가 욕설을 하지 않으면, 교실 앞 벽에 게시한 목표를 가리키며 "OO이가 욕을 하지 않고 고운 말을 쓰는 모습을 보니, 우리 반이 더욱 고운 말을 쓰는 반이 되어가는 것 같아 기쁩니다."라고 이야기했습니다.

'교실 붕괴'를 겪은 아이일수록 달라질 가능성이 높다

이 학급 만들기의 장을 정리하는 의미로, 교실 붕괴에 대한 이야기를 꺼내 보고자 한다.

교실 붕괴, 혹은 그런 비슷한 일이 있었던 반을 맡고 싶지 않은 선생님이 많을 것이다. 그러나 사실 그런 반에 있었던 아이들이야말로 더욱 지도하기 쉽다고 할 수 있다.

왜냐하면 '달라지고 싶다', '달라졌으면 좋겠다', '누가 좀 도와줬으면' 하는 바람이 강하기 때문이다. 반 분위기를 주도적으로 망가뜨린 아이조차 그런 상황을 바람직하다고 생각하지 않는다. 모든 아이는 본질적으로 칭찬받고 싶어 한다. 학교에서 더 나아진 모습으로 집으로 돌아가고 싶어 한다. 교실 붕괴의 한가운데 있으면서도 아무것도 하지 못하고 고통스러워하는 아이는 더더욱 그렇다. 따라서 엄하더라도 개혁과 선도의 희망을 주는 선생님은 환영받는다. 단지 대놓고 환영하기 힘든 분위기이므로 반응이 별로 좋지 않아 보일 뿐이다. 대다수 아이들은 내심 '이번에야말로!'라고 생각하고 있을 것이다.

2장의 주제는 '트러블을 찬스로 바꾼다!'이다. 어려움을 겪고 있는 아이야말로 변화와 발전의 가능성이 충분하다. 긍정적인 시각을 가지고 반격해 보자.

2장:

트러블을 찬스로 바꾼다!
개별 대응에 효과적인
반격의 기술

아이는 좋은 쪽이든 나쁜 쪽이든 기대하는 방향대로 변화한다.
자신이 담임을 맡은 아이가 확 달라졌다는 평가를 받을 때,
이 아이를 어떻게 대했는지 되돌아보면 공통점이 보인다.
바로 '기대하고, 믿고, 허용하고, 향상되었을 때
아낌없이 칭찬했다'는 점이다.
우리 어른들의 관점에서는 '지도하기 어려운 아이'가 보인다.
그러나 사실은 그렇지 않다. 아이의 관점에서 보면
'어려움을 겪는 아이'로 보인다.
이 장에서는 이러한 '어려움을 겪는 아이'에게
개별적으로 대응하는 효과적인 반격을 소개한다.

하나
폭력적인 아이에게는
▶ 반드시 달라질 것이라고 믿고 꾸준히 지도한다

A는 이른바 '꼬리표가 붙은 아이'다. 시도 때도 없이 폭력을 행사한다. 걸핏하면 화를 내고, 욱하는 순간 손부터 올라가서 주변 아이들도 A를 두려워한 나머지 가까이 가려 하지 않는다. 때로는 선생님에게 폭력적인 행동을 하기도 한다. 선생님들마저 속수무책인 데다 심지어 A가 무서워서 담임 맡기를 꺼리는 지경이었다.

당연히 모든 사람이 A에게 다가가기 펄끄러워하며 거리를 두게 되어 A는 점점 고립되었고 난폭해졌다. 완전히 방치된 A는 난폭한 성격 그대로 중학교에 진학하였고, 그곳에서도 폭력 사건 및 경찰 출동 사태를 빈번히 일으켰다. 얼마 안 가 A는 중학교에도 다니지 않게 되었다.

왜? 어째서?

폭력적인 행동을 반복하는 아이는 얼마 전까지만 해도 중학생이 많았지만, 최근에는 초등학생 중에서도 많이 찾아볼 수 있다.

폭력 행위를 반복하는 아이는 자아존중감이 두드러지게 낮은 경향을 보인다. '어차피 나 따위가'라는 굳은 확신으로 주변 사람을 모두 적으로 돌리는 모습을 보인다. 주변 사람들도 두려워하며 가까이 다가오지 않기 때문에 그 확신이 점점 굳어진다. 한편, 폭력을 강함과 착각하여 폭력은 나쁘다는 인식조차 없는 경우도 있다.

단언컨대 이런 아이는 한 번 지도했다고 해서 달라지지 않는다. 자신은 나쁜 아이라고 굳게 믿고 모든 일을 폭력으로 해결하려는 습관이 들어 있기 때문이다. 폭력을 손쉬운 해결책으로 여기는 것이다.

여기서 반격!

폭력적인 아이를 '힘 대 힘'으로 누르려 하지 않는다. 새 학기가 시작될 때 모든 아이에게 '여러분의 안전을 지키겠다', '따돌림, 폭력 행위는 용서하지 않는다'라고 선언하고, 가능한 한 최대한의 예방 대책을 세운 뒤 행동하는 것이 '반격'이다.

반격의 한마디
"선생님은 널 믿어."

폭력 사건이 일어나면 먼저 다친 아이부터 보살피고 무슨 일이 있었는지 자초지종을 듣는 등, 담임으로서 통상적으로 해야 하는 조치를 모두 끝낸다. 그리고 그 후에는 반드시 '선생님은 널 믿어'라고 말해 준다. A를 믿는다는 말을 해 주는 사람이 거의 없기 때문에 그 말은 A의 마음속에 콕 박힐 것이다. 덧붙여 '너는 꼭 달라질 거야'라고 확신을 주는 말투로 말한다. 그들은 '선생님은 널 믿어'라는 말을 듣더라도 겉으로는 뚱한 표정을 지으므로 언뜻 보기에 그 말이 잘 와닿지 않은 것처럼 보이지만 사실은 확실하게 와닿은 것이다.

가정 사정이 있거나, 자기 관리 능력에 문제가 있는 등 배려가 필요한 부분도 많지만 수시로 '믿는다'라고 말해 준다. '믿는다'라는 말에는 아이를 달라지게 하는 커다란 힘이 있다.

성공의 비결

- 지나친 기대는 금물. 100번 실망할 것을 각오하고, 미래를 위해 한발 양보한다. 유연하면서도 끈질기게 대처하여 선생님이 쉽게 포기하지 않을 것임을 보인다.
- 아이의 변화에 대한 꿈은 크게 꾸고, 실현될 확률은 낮게 잡는다.
- 갈등 상황에서 한 번이라도 폭력을 행사하고 싶은 마음을 억누르고 해결했을 때가 변화의 찬스. 크게 칭찬한다.

허쌤의 교실 이야기

"넌 부끄러운 줄도 모르냐? 한심하다, 한심해." 이런 말을 들으면 어떤 기분이나 감정이 들까요? 문장 중에도 포함돼 있듯 '부끄러움'이라 할 수 있겠습니다. 심리학에서는 이를 '수치심'이라는 정서용어로 표현합니다. 이런 질책을 듣고 수치심을 느끼는 경우는 언제일까요? 아마도 잘못된 행동에 대해 지적을 받으며 혼쭐이 났던 상황일 것입니다.

아이의 잘못에 대해 부끄러운 줄 알라며 혼을 내는 교사들을 종종 보게 됩니다. 이런 방식으로 훈육하는 교사는 아이가 자신의 행동에 대해 수치심을 느끼고 앞으로는 부끄럽지 않도록 좋은 행동, 옳은 행동을 하리라는 바람을 가지고 있었을 것입니다. 그런데 수치심이라는 정서는 이런 바람과는 다르게 작동하는 것이 문제입니다. 결론부터 미리 말하자면 수치심은 행동을 교정하는 데 그리 도움이 되지 않습니다. 잘못이나 죄를 인식한 아이가 경험하는 정서는 죄책감과 수치심, 두 가지라고 합니다. 대부분 아이는 자신의 잘못에 대해 후회하고 자책합니다. 이 같은 감정은 꽤 고통스럽지만 이러한 경험은 다시는 그와 같은 감정을 느끼지 않도록 노력하고 조심하게 만듭니다. 이 과정에서 인간은 도덕성을 발달시킬 수 있습니다.

죄책감이 긍정적이고 바람직한 효과를 만들어내는 데 비해 수치심은 다르게 작동합니다. 수치심은 잘못을 인정하는 경향을 낮추고 부도덕한 행동을 할 가능성을 더 높입니다. 자신의 행동에 대해 느낀 죄책감은 공격성을 낮췄지만 수치심은 오히려 공격성을 높였습니다. 왜 그럴까요? 언뜻 생각해보면 자신의 행동을 부끄럽게 여기고 수치스러워한 아이가 향후 그러한 행동을 하지 않으려 노력할 텐데 말입니다. 이유는 수치심이 작동하는 원리에 있습니다. 부끄러운 줄 알라고 강하게 질책받으면 행동에 대해서만 수치심을 느끼는 것으로 끝나지 않습니다. 수치심은 행동을 넘어 존재 자체에 대한 광범위한 경험으로 연결됩니다. 즉 혼내는 교사는 '네 행동을 부끄러워하라'고 지적하지만 혼나는 사람은 '네 존재를 부끄러워하라'라고 받아들여 '나 같은 건 태어나지 말았어야 해', '어차피 난 노력해도 안 돼'라고 생각하게 되고 맙니다.

자신을 쓸모없고 악한 존재라고 평가하고 인식하는 아이는 자신의 인식과 일치하는 행동을 하게 된다. 즉 '그래 난 쓸모없어, 한심한 존재야'라고 생각하면 자신의 도덕이나 양심 혹은 사회규범에 아랑곳하지 않고 서슴없이 행동할 수 있게 되는 것입니다.

교사로서 자신의 훈육이나 질책이 행동을 향하고 있는지, 존재 자체를 비난하고 있는지 곰곰이 살피고 조심할 필요가 있습니다.

"어쩌면 넌 또 교실을 뛰쳐나가고 선생님과 친구들에게 욕할지 몰라…. 그래도 괜찮아, 그때마다 선생님이 옆에서 도와줄게. 그러라고 선생님이 네 곁에 있는 거야." 이런 한마디가 수치심을 줄이고 죄책감으로 아이들을 성장시키게 됩니다.

둘
지각을 밥 먹듯이 하는 아이에게는
▶ 학교에 왔다는 사실 자체를 칭찬한다

A는 지각쟁이다. 작년부터 그런 낌새를 보이더니 선생님이 여러 번 불러다 이야기를 해도 아무런 개선의 여지가 없었다.

어느 날 담임 선생님은 늘 그렇듯 지각한 A를 아주 호되게 꾸짖었다.

"몇 번을 얘기해야 고칠 거니!"

다음 날 A는 학교에 나오지 않았다. 담임 선생님이 집에 방문했지만 A의 어머니는 이렇게 말했다. "지각할 바에야 차라리 학교에 안 가겠다네요…."

그날부터 A는 학교에 자주 결석하게 되었다.

왜? 어째서?

애초에 상습적으로 지각을 하는 아이는 내면 어딘가에 문제를 품고 있기 마련이다. 부모와 원활한 의사소통이 되지 않는 여러 가지 사정이 있을지도 모른다. 집에서 아이 혼자 힘으로 어찌할 수 없는 트러블 때문인지도 모른다. 그 밖에 여러 가지 가능성이 있지만, 무슨 사정이 있어서 생활습관이 흐트러져 어려움을 겪는다고 생각하는 편이 적절하게 대처할 수 있다.

단, 전혀 지도하지 않는 것도 한 가지 방법이다. 다만 교육은 '상시선도(常時善導)'이기 때문에 바람직하지 않은 상태로 마냥 방치하는 것을 좋다고는 할 수 없다. 즉, 즉각적인 해결이 아니라 장기적인 관점을 가지고 개선해 나갈 필요가 있다.

여기서 반격!

아침에 지각을 해서 교실로 들어왔을 때가 반격의 기회다. 즉시 다음과 같이 말해 보자.

반격의 한마디

"잘 왔구나. 다행이다! 안심했어."

곧이어 "그런데 오늘은 왜 늦었니?" 하고 무슨 사정이 있었는지 물어본다. 배려의 말은 먼저, 늦은 이유는 나중에 물어보는 것이 순서다.

대개 늦잠을 잤다거나 그런 비슷한 대답을 할 것이다. 그러면 그냥 이렇게 한마디 해준다.

"그렇구나. 내일은 지각하지 않도록 힘내렴!"

이게 끝이다. 왜냐하면 담임은 아이가 학교에 올 수 있는데도 오지 않을 때 가장 난감하기 때문이다.

지각을 하면 선생님에게 혼이 난다 → 그럼 학교에 가지 말자

아이가 이런 생각을 가지게 되면, 선생님이 꾸짖거나 화를 내는 일이 결국에는 나쁜 결과로 이어지게 된다. 설령 지각을 하더라도 용기를 내어 학교에 온 아이를 선생님이 따뜻하게 환영해 준다면, 아이는 선생님이 자신을 이해해 준다고 느끼고 자존감이 향상된다. 혼을 내기보다는 이렇게 해야 결과적으로 지각이 줄어들고 결석도 하지 않게 된다. 지각을 칭찬해 줄 수는 없지만, 학교에 온 것 자체를 기뻐해 줄 수는 있다.

성공의 비결

- 비록 지각은 했지만 학교에 와 준 것 자체를 고맙게 생각한다. 이를 말과 행동으로 아이에게 표현한다.
- 힘든 상황인데도 결석하지 않고 잘 와 주었다고 생각한다. '지각해서 선생님께 혼나느니 차라리 안 가겠다'라는 발상으로 등교를 거부하는 것보다는 낫다.
- 아이가 없는 교실에 교사의 존재 가치는 없다는 점을 명심한다.

허쌤의 교실 이야기

아들러는 '중성행동'이라는 개념을 소개합니다. '중성행동'은 '피해행동'과 달리 공동체에 폐를 끼치지는 않지만 적절한 행위가 아닌 경우로 대개 '문제행동'으로 규정합니다. 예를 들면 학생이 공부를 하지 않는 경우, 물건을 잘 잃어버리거나 행동이 눈에 두드러지는 경우를 부적절하다고 생각하는 것입니다. 하지만 아들러는 그런 행동은 부적절한 행위가 아니라 적절하지 않을 뿐이라고 했습니다. 교사나 부모는 학생의 의지를 존중해야 하며 개입할 권리가 없다는 것입니다. 아이의 중성행동에 대해 보통 아이들과 다르다고 비난하거나 질책하지 말고 틀림이 아닌 다름을 받아들여야 합니다.

아이가 지각하는 행동도 엄밀하게 이야기하면, 중성행동입니다. 지각했다고 선생님이나 반 아이들이 피해를 보지 않았습니다. 결국 긴 인생에서 불성실함의 피해를 보는 건 그 아이입니다. 고함을 치고 화를 내지 않고 지원해 주어야 할 일입니다.

셋
자기가 저지른 일을
인정하지 않는 아이에게는
▶ 인정할 수 없다는 것을 인정해 준다

학교에 민원 전화가 한 통 접수되었다. 하교 시간에 어떤 아이가 발로 찬 돌에 맞아 차에 흠집이 생겼다는 것이다. 전교생이 동시에 하교하는 날이라 목격한 아이가 많았는데, 하교 중 돌을 걷어찬 아이는 6학년 A가 틀림없었다.

담임 선생님과 생활부장 선생님이 A를 불러 무슨 일이 있었는지 캐물어도 A는 끝까지 자기가 했다고 인정하지 않았다. 그 후에도 졸업할 때까지 A는 학교 안팎에서 각종 문제를 일으켰다. 한 번 문제를 일으킬 때마다 A의 눈빛은 점점 삐딱해지고, 담임과의 관계도 악화일로를 걷고 있었다.

왜? 어째서?

나쁜 짓을 하고도 거짓말을 하는 까닭은 자기방어 본능이 있기 때문이다. 아마 그 아이는 사실대로 말했을 때 주위 사람들의 따가운 눈총에 시달린 경험이 있었을 것이다. 즉, 사실대로 말하면 나쁜 아이 취급을 당하리라고 경험적으로 알고 있는 것이다. 거짓말은 의도적으로 했을 수도 있고 무의식중에 나왔을 수도 있다. 따라서 사고방식과 마음을 고쳐먹지 않는 이상 그 아이는 절대로 사실을 인정하지 않는다.

또 하나의 가능성은, 고기능 자폐증[1] 등 특별한 지원을 필요로 하는 아이일 경우다. 자신이 무슨 일을 저질렀는지 까맣게 잊어버리고는 사실 관계를 왜곡하는 아이도 있다. 이 경우 아무리 명백한 증거를 들이밀어도 기억이 나지 않으므로 절대로 인정하지 않는다. 따져 물을수록 오히려 자신을 피해자로, 상대를 가해자로 여겨 되레 앙심을 품기도 한다.

여기서 반격!

앞서 언급된 가능성 중 하나에만 초점을 맞춰 성급하게 결론을 내리는 것은 실패의 씨앗이다. 이럴 때는 "찼을 '지도' 모른다고?" 하고 애매하게 표현하여 도망갈 길을 열어 놓아야 한다.

반격의 한마디

"그랬을'지도' 모른다는 거지?"

아이가 수긍하기 쉽도록 더 부드러운 말투로 '아마도, 가능성이 작을지도 모르지만', '차에는 안 맞았을지도 모르지만' 같은 말도

---

1 고기능 자폐증(high-functioning autism): 대인관계나 행동상에 자폐증적인 증상을 보이지만 언어와 인지 기능에는 정상 반응을 보이는 질환. 흔히 아스퍼거 증후군으로 알려져 있다.

덧붙일 수 있다. 100가지 진실 중 한 가지를 확실히 인정하게 되면 나머지 99가지 진실로도 나아갈 수 있다.

아이가 사실을 인정하면, 마음을 열고 솔직하게 이야기해 준 데 대하여 '사실대로 말해 줘서 고마워'라고 이야기한다. 물론 다른 아이를 지도할 때와 마찬가지로 행위 자체에 대해서는 반성시키고, 경우에 따라 함께 사과하러 가며, 다시는 그런 짓을 하지 않겠다는 약속을 받아내야 한다.

성공의 비결

- 사실을 강요하지 않는다. 사실 자체는 이미 알고 있는 것으로 간주한다.
- 나약한 자신을 지키기 위해 버틸 수밖에 없는 마음을 참작한다.
- '혹시라도', '그랬을지도 모른다'라는 표현을 적절히 활용한다.
- 항상 '너를 반드시 보호할 것이다', '함께 책임질 것이다'라는 태도로 아이를 대한다.

허쌤의 교실 이야기

아이도 자신의 잘못을 알고 있는 경우가 많습니다. 쥐도 막다른 길에 몰리면 고양이를 문다는 말이 있듯이 아이가 피해갈 길을 열어주어야 합니다. 언젠가 제게 욕설을 한 아이에게 화가 나 몰아치다 『행복한 교실을 만드는 희망의 심리학』을 쓴 김현수 교수님이 하신 말씀이 생각났습니다. "선생님에게 욕설을 하는 아이의 99%는 선생님에게 화가 난게 아니라 이미 집에서부터 화가 났거나 반 친구들에게 화가 난 것입니다." 풍선의 바람을 빼는 방법은 바늘로 찔러 터트리는 게 아니라 불었던 입구 쪽으로 조금씩 바람을 빼면 됩니다.

넷

거짓말을 하는 아이에게는

▶ 이해하는 모습을 보여 준다

A는 같은 학년 아이들에게 소문난 거짓말쟁이다. 자기가 불리하다 싶으면 서슴없이 거짓말을 한 뒤 변명으로 발뺌한다. 여러 사람이 똑똑히 목격했는데도 거짓말을 해서 속여 넘기려 한다. A의 필살기는 "증거가 어디 있는데요?"이다. 선생님이 아무리 어르고 달래도 소용이 없고, 증거를 내밀면 "선생님이 날 의심하는 거예요?" 하고 대꾸하는 통에 어떻게든 잘 지도해보고 싶은 마음이 확 사라져 버린다. 당연하게도 A의 주변에는 친구가 없다. 점점 외톨이가 되어 가는 A의 거짓말과 트러블은 시간이 지날수록 늘어날 뿐이었다.

왜? 어째서?

이번 사례 역시 앞과 마찬가지로 방어본능에 의한 거짓말이다. 거짓말을 하지 않아도 괜찮으리라는 정서적 안정감이 있다면 아이는 거짓말을 하지 않는다. 거짓말을 자주 하는 아이는 대개 불안감이 높고 지나치게 예의범절에 엄격한 환경, 또는 실패가 허용되지 않는 환경에서 자란 사례를 종종 찾아볼 수 있다. 항상 상위

권 성적을 유지할 것을 강요받는 등 기대가 큰 환경에서 자란 경우도 있다. 가정에서 똑똑하고 착한 아이로 철석같이 믿고 있다면 학부모와 원활히 대화할 수 없고 가정과 연계하여 지도하기 어려운 경우가 많다. 어떤 학부모들은 "우리 아이는 절대 그럴 리가 없어요. 선생님이 잘못 보신 거겠죠."라고 반응하기도 한다. 부적절한 대처는 훗날 큰 갈등으로 발전하기 십상이므로 주의를 기울여야 한다.

여기서 반격!

상대 아이는 어른에게 거짓말을 하는 데 익숙해져 있다. 논리와 언변을 내세우거나 감정에 호소하는 정공법도 헛수고일 따름이다. 아이가 거짓말을 하고 있다는 확신이 든다면 다음과 같이 반격한다.

반격의 한마디

"너도 모르게 거짓말을 해버렸구나. 선생님도 그런 적이 있단다."

공감적인 말투로 말하는 것이 핵심이다. '거짓말은 절대 해서는 안 되며, 거짓말을 하면 용서받을 수 없다' '선생님은 거짓말을 하지 않는다'는 고정관념을 뿌리째 뽑아버린다.

가슴에 손을 얹고 자신에게 물어보자. 다음 명제는 참인가?

"나는 선생님으로서, 거짓말을 절대로 하지 않는 사람이다."

…………

　사람은 누구나 거짓말을 한다. 다른 이에게 해를 끼치고 상처를 주는 거짓말은 절대로 하면 안 되지만, 모든 거짓말이 나쁘지는 않다. 다른 이에게 살아갈 힘을 주는 '하얀 거짓말'도 있다. 거짓말을 하면 안 된다는 것은 모든 사람이 인정하는 상식이다. 그러나 막상 괴로운 상황에 부닥치면 스스로 거짓말을 하고 싶기 마련이다.

　거짓말을 하는 아이의 심정을 그대로 인정하거나 이해해 주기는 힘들 것이다. 그러나 조금이라도 공감해 줄 수는 있다.

　이어서 "그런데 있잖아…" 하며 선생님의 진심을 이야기한다. "널 정말로 도와주고 싶어."라는 말도 잊지 않는다. 어떤 거짓말을 했는지 폭로하려는 목적으로 지도하는 것이 아닐 터이다. 아이를 올바른 방향으로 이끌기 위한 지도일 터이다. 선생님의 진심을 이야기하고, 거짓말은 용서받을 수 있으니 앞으로 어떻게 하면 좋을지 함께 생각해보자는 말을 건네자.

성공의 비결

• 먼저 아이를 공감적으로 이해한다. 나 자신도 그 아이와 다르지 않다.
• 거짓말은 나쁘다는 고정관념에서 벗어난다.

허쌤의 교실 이야기

아들러는 문제행동의 패턴 중에서 처음 발견되는 '1단계: 칭찬 요구'에서 아이들 마음속에 자라는 신념은 '칭찬을 받기 위해서는 무엇이든 할래요. 커닝이나 거짓말도!'라고 말합니다. 따라서 '능력' 중심의 칭찬(예: 정말 똑똑하구나!, 너 정말 예쁘다, 등)보다 '노력' 중심의 격려(예: 이번 시험을 위해 네가 얼마나 노력했는지 지켜볼 수 있어서 좋았단다.)에 초점을 맞추어 생활해야 하겠습니다. 노력 중심의 격려는 평가보다 '관찰'한 내용으로 칭찬하려고 의식적인 노력을 해야 합니다. "너 맨날 지각할 거야?" 아이의 마음속에서는 '내가 맨날 지각했나? 지난주에 3번, 이번 주에는 2번으로 줄였는데…. 그럼 주말에도 지각하나? 맨날 지각하게….' 같은 마음이 싹틉니다. 그보다는 있는 사실 그대로 이야기하면 됩니다. "지각할 사정이 있었나 보구나. 무슨 일이 있었니?"

하임 G. 기너트 교수는 다음과 같이 말합니다. "우리는 깜박 잊고 우산을 놓고 간 손님에게 '어떻게 된 거죠? 우리 집에 올 때마다 늘 뭘 잊고서 놓고 가잖아요. 당신 여동생은 그렇지 않던데…. 당신 나이 마흔네 살이에요. 이런 버릇은 고칠 때도 되지 않았나요?'라고 말하진 않는다. '앨리스, 여기 당신 우산 있어요.'라고 간단히 말하지 '당신 주의가 산만하군요.'라고 덧붙이지 않는다. 교사들은 손님 대하듯 아이들을 대하는 법을 익혀야 한다."

85

다섯
상대방의 잘못만 주장하는 아이에게는
▶ 스스로를 객관적으로 보게 한다

모든 아이와 갈등을 자주 일으키는 A. A의 주장은 항상 똑같다. "이게 다 걔 때문이야." 가만 보면 A는 아주 사소한 이유로 싸움을 건다. 딱히 꼬투리를 잡기 어려울 때는 유치원 때 자신을 괴롭혔다는 둥 몇 년이나 지난 일까지 끄집어내 싸운다. 더욱 어이가 없는 점은 자기 잘못은 하나도 없다고 진심으로 믿는다는 것이다. 당연히 싸움이 해결될 기미는 보이지 않고, 담임 선생님의 언성도 점점 높아진다. 결국 "이제 됐어! 다 내 편 아니야!"라고 자리를 박차고 나가버리는 A에게서 친구들은 하나 둘 떠나고, A의 행동은 점점 나빠지기만 할 뿐이다.

왜? 어째서?

한마디로 굉장히 힘든 아이다. 그러나 누구보다도 자존감이 낮은 아이이기도 하다. 상대방이 다 잘못했다는 주장은, 뒤집어 보면 '아무도 나 같은 아이 좋아하지 않을 거야'라고 생각하는 증거다. 상대방이 자신을 좋아할 것이라고 확신하는 아이는 잘못을 쉽게 인정한다(어른 중에도 지나치게 비판적이거나 공격적인 사람이 있다. 같은 심리라고 할 수 있다). A의 문제를 아주 단순하게 표현하자면, 자신을 객관적으로 볼 수 없는 것이다. 순전히 자기 입장에서만 생각하기 때문에 자신의 잘못이 정말로 보이지 않는 것이다. 또는 보려는 노력조차 하지 않는다. 거울이 없으면 자신의 얼굴이 보이지 않는 것과 똑같은 원리이다. 차분히 이야기를 들어주면서 타인의 시각으로 자신을 바라볼 수 있도록 도울 필요가 있다.

여기서 반격!

반격의 한마디

"내 잘못을 점수로 표현한다면 몇 점?"

일본 노트르담 세이신 여자대학의 특수교육전문가 아오야마 신고 교수가 사용하는 방법이다.

아래와 같은 수직선을 보여 준다.

0	↑	100
	나	상대방

"잘못을 100점 만점으로 했을 때, 나는 어디쯤 있을까?"

전부 상대방의 잘못이라면 '나'는 가장 왼쪽의 0에 위치할 터이다. 그러나 상담을 하다 보면 한 가지(실제로는 꽤 많이) 자신의 실수인 듯한 점이 나타난다. "그것만 놓고 보면 좀 오른쪽으로 가야겠지?" 하고 물어보면, 대개는 "뭐, 그건 그렇죠." 하며 아주 약간 오른쪽으로 옮긴다. "이 부분은?" "이건 그 친구에게도 책임이 있구나." 이렇게 이야기를 나누며 상담을 진전시키다 보면, "제 잘못도 조금 있기는 해요." 하고 객관화하게 된다. 즉 이미지로 나타내면서 흥분을 가라앉히고 자기 자신을 객관적으로 바라볼 수 있게 된다는 것이다. "이 부분에 대해서는 사과할 생각이 있니?" 등 차분히 대화를 진전시키며 마음속 응어리를 풀어나가도록 하자.

성공의 비결

- 그림으로 나타내어 객관적으로 볼 수 있게 한다.
- '아주 조금'이라는 양보를 하는 시점부터 본격적으로 지도한다.
- 잘잘못을 따지지 말고 자신이 스스로 결정할 수 있도록 한다.

허쌤의 교실 이야기

흔히 잘못을 이야기하면, "저만 그런 게 아닌데요?"라고 눈 동그랗게 뜨고 되묻는 아이들이 있습니다. 이 아이들은 아들러의 문제행동 중에서 '3단계: 힘의 오용(권력 투쟁)'에 해당하는 아이들입니다. 이런 아이들에게는 감정은 친절하게, 행동은 단호하게 할 필요가 있습니다. 저는 아이가 흔히 물귀신 작전을 펼칠 때는 혼내진 않고 이렇게 말하게 합니다.

"그럴 때는 수업 중에 친구와 이야기해서 죄송합니다, 하고 말하는 거야."

여섯
에너지가 넘치는 아이에게는

▶ 에너지를 발산시킨다

쉬는 시간, 2학년 개구쟁이들은 언제나처럼 교실에서 잡기놀이와 레슬링에 한창이다. 담임 선생님이 몇 번이나 주의를 주어도 그때뿐, 다음 쉬는 시간이 되면 깡그리 잊어버리고 또 뛰어다닌다. 아무리 뛰지 말라고 말하고 화를 내도 나아지지 않는다.

어느 날, 습관적으로 교실을 뛰어다니던 남자아이가 독서를 하고 있던 얌전한 여자아이와 부딪혀서 여자아이의 안경을 망가뜨렸다. 이 일을 알게 된 여자아이의 부모는 "부딪친 아이들이 교실을 항상 뛰어다닌다고 우리 애가 그러던데, 선생님은 도대체 어떻게 지도를 하신 거예요?"라고 항의를 해왔다. 여러 차례 안전지도했다고 설명을 해도 전혀 받아들여지지 않았다. 선생님은 화가 난 나머지 사고를 친 아이들을 호되게 꾸짖었지만, 아이들은 바로 까먹고는 친구들과 함께 또 신나게 뛰어다니는 것이다. 전혀 개선되지 않은 채 그 후에도 비슷한 사건이 여러 번 일어났다.

왜? 어째서?

뛰어다니는 아이들은 어느 학년에서나 쉽게 볼 수 있다. 그러나 실제 사고로 이어지지 않으면 아이들은 좀처럼 위험하다고 생각하지 않는다. 그저 체력이 남아돌 뿐이다. 담임 선생님 말씀을 무시하려고, 또는 친구를 다치게 하려고 일부러 뛰는 것이 아니다. 그런 상상력은 더 성장한 후에야 길러지는 것으로, 이 시기의 아이들에게는 좀처럼 통하지 않는다(그러나 반드시 심각하게 교육해야 한다). 지금은 오로지 몸을 움직이고 싶을 뿐이다. 아이들은 어른에 비해 몸을 움직이려는 욕구가 강한 존재다. 이 부분을 이해하고, 욕구를 만족시켜 주면서 가르쳐야 한다.

여기서 반격!

교실에서 뛰어다니는 아이들은 이 한마디로 종결시킬 수 있다.

반격의 한마디

"기운이 넘치는구나! 밖에 나가 발산하고 오렴!"

수업과 수업 사이 짧은 쉬는 시간만이라도 밖으로 내보낸다. 교실과 바깥을 왔다 갔다 하는 것만으로 끝나버릴지도 모르지만 상관없다. '뛸 거면 밖에서 뛰어라'가 기본이다(그러나 교실에서 밖으로 나갈 때나, 밖에서 교실로 들어올 때에는 뛰지 않아야 한다는 점을 반드시 지도한다). 실내에서 레슬링을 하고 싶은 아이에게는 모래밭에서 씨름을 하도록 한다(한번 담임 선생님이 지도해 주면 좋을 것이다). 두 번째부터는 '자, 밖으로 GO!'라고 말하는 것만으로 끝이다. 밖에 나갈 기운이 없으면 얌전히 교실에 있어도 되고, 기운이 남아돌면 진짜로 밖에 나간다. '쉬는 시간에 교실은 안전하고 편안하게 시간을 보낼 수 있는 장소가 되어야 한다'는 원칙에서 벗어나지 않도록 한다.

성공의 비결

- 도무지 말을 안 듣는 것이 아니라, 몸을 움직이고 싶을 뿐이라는 점을 명심한다.
- 일단 밖에서 몸을 움직이게 한다. 에너지를 발산시킨다.
- 예외를 둔다. 비가 오거나 하여 밖에 나갈 수 없는 날은 〈당신은 당신의 이웃을 사랑하십니까〉, 〈수건돌리기〉 등 쉬는 시간에 모든 아이가 참여할 수 있고 규칙을 어기지 않으며 놀 수 있는 장을 마련해 주는 방법도 있다.

허쌤의 교실 이야기

마쓰오 선생님의 의견에 공감하지만, 한편 고학년처럼 4층에 주로 있는 아이들이 쉬는 시간, 운동장에 나가기는 쉽지 않습니다. 고학년 교실에서는 두 가지 규칙을 함께 일 년 내 지도할 필요가 있습니다.

첫째, 교실에서 천천히 걷기

둘째, 교실에서 공놀이하지 않기

〈위기탈출 넘버원〉 방송을 통해 학기 초 첫 주에 지도합니다. 교실에서 일어나는 사고의 43.2%는 이것입니다. 아이들에게 발문하고 정답을 소개합니다. 바로 교실에서 일어나는 '장난'이 원인입니다. 달려갈 때발 걸기, 의자 몰래 빼기, 똥침 놓기 등 사소한 장난이 큰 사고로 이어지는 경우가 많습니다. 에너지가 넘치는 아이들을 위한 대책과 함께 안전한 교실을 위한 두 가지 규칙만큼은 학기 초부터 집요할 만큼 자주 지도해주셔야 합니다.

일곱
입이 험한 아이에게는
▶ 상대방의 감정과 기분을 알려준다.

A는 겉보기에 수다스럽고 활발한 아이지만, 왠지 모르게 주위 친구들이 슬슬 피하는 탓에 혼자 있는 모습이 자주 보인다. 그러나 담임 선생님에게는 곧잘 말을 걸어온다. 그런데 그것도 듣기 싫은 말뿐이다. "선생님은 왜 그렇게 글씨를 못 써요?", "오늘 선생님 머리 완전 촌스러워요", "그런 표정 하니까 기분 나빠요" 등등. 아직 젊은 담임 선생님은 A가 자신을 싫어하는 줄 알고 A를 피하게 되었다. 그러나 피하면 피할수록 A의 악담은 더욱 심해졌다. 담임 선생님과 A의 관계는 점점 차가워지고 있었다.

왜? 어째서?

상대방에게 관심이 많고 언어를 통한 의사소통을 추구하는 고학년 여학생일수록 이렇게 접근하는 경향이 높다. 듣기 싫은 소리를 툭툭 내뱉는 아이는 그런 식으로 상대방과 대화의 연결고리를 만들려고 한다. 사례에 등장하는 A는 담임 선생님에게 관심이 많다. 친구들과 좀처럼 친해지지 못하고 외톨이가 되기 쉬운 자신을 어떻게든 보살펴 줄 거라는 생각이다. 즉, 진짜로 싫어하는 것이 아니라 관심 받기를 원하는 것이다. 왜냐하면 이렇게 했을 때 상대방이 반응해 주기 때문이다. 다시 말하자면 부정적인 접근을 통해 성공을 경험한 적이 있기 때문이다. 이런 까닭에 주위 사람들은 슬금슬금 멀어지게 된다. 담임 선생님은 A의 이런 심리를 먼저 이해하고 이를 무너뜨릴 필요가 있다.

여기서 반격!

이러한 성향을 가진 아이들은 의외로 자존심이 높은 경향이 있다. 그래서 지금도 외톨이로 지내는 것이다. 다음과 같이 딱 잘라 말한다.

반격의 한마디

"선생님은 너를 좋아한단다.
그렇지만 너의 말은 상처를 주니까 듣기 싫구나."

상황에 따라 '좋아한다'는 표현을 직접 쓸 수도 있고 쓰지 않을 수도 있다. 여기서 핵심은 상대방의 인격을 일단 존중한 뒤에 상대방의 말에 대해서만 판단한다는 것이다. 이를 '부분 부정'이라고 한다(거꾸로, 단순히 '널 싫어해'라는 말은 상대의 인격을 '모두 부정'함으로써 인간관계를 단절시키므로 교육적으로는 쓰지 않는다). 지도자의 역할은 안 되는 것은 안 된다고 분명하게 말한 다음 올바르게 이끌어 나가는 것이다. 어디까지나 너의 말이 싫을 뿐, 너와는 좋은 관계를 만들고 싶다는 점을 분명히 한다. 상대의 요구는 '관계 맺기' 그 자체이므로, 긍정적인 관계를 맺을 수 있도록 지도한다.

성공의 비결

- 왠지 모르게 거부감이 드는 아이는 상대방의 관심을 강하게 원하는 경향이 있다는 점을 안다.
- 홀로 있어 외로운 마음속 깊은 곳을 헤아린다.
- 입에 쓴 약이 몸에 좋다. 듣기 싫은 말은 듣기 싫다고 말해 주는 게 진정으로 그 아이를 위하는 길이라는 점을 명심한다.
- 상대의 인격을 존중한다.

허쌤의 교실 이야기

교실에서 '어기바'를 통해 거절하거나 싫은 감정을 표현할 수 있도록 지도해야 합니다.

어기바의 '어'는 "어, 사실~"입니다. '기'는 "내 기분은~", '바'는 "~하길 바라."의 준말입니다. 예를 들어 친구가 내 뒷담화를 했다면, 대부분 소극적인 아이들은 참고 말아 버립니다. 하지만 참으면 곪기 마련, 언젠가 더 크게 터지고 말게 되어 있습니다.

"어, 사실 네가 내 뒷담화를 했다는 이야기를 들었을 때"

"내 기분은 정말 속상했어."

"앞으로 다른 친구들 앞에서 내 이야기를 하지 않았으면 좋겠어."

이렇게 '어기바'로 대화하기를 아이들과 학기 초부터 지도할 필요가 있습니다. 좀 더 세련되게 하려면, '네가'처럼 직접적인 공격이 느껴지는 말보다 "난 누군가 내 뒷담화를 했다는 이야기를 들으면 정말 화가 나. 앞으로 다른 친구들 앞에서 내 이야기를 하지 않았으면 좋겠어."라고 이야기하는 것이 서로의 관계를 해치지 않습니다. 종종 잘못해놓고도 공격받았다는 생각에 더 화를 내는 아이들도 많기 때문입니다.

여덟
발표가 서투른 아이에게는
▶ 글로 써서 발표하도록 한다

6학년 A는 사람들 앞에서 말하는 것을 정말 힘들어하는 아이다. 담임 선생님은 A의 미래를 위해 어떻게든 A가 발표를 잘 할 수 있도록 만들어 주고 싶었다. A는 공부를 무척 잘했기 때문에, 선생님은 기회가 있을 때마다 A에게 간단한 질문을 던졌다. 그러나 답을 알고 있을 것이 뻔한 질문에도, A는 고개를 푹 숙이고 훌쩍훌쩍 울면서 입을 꾹 다물고만 있는 것이었다. 주변 아이들은 "A는 사람들 앞에서 말을 못해서 안 돼."라고 생각하게 되었다.

왜? 어째서?

말이 너무 많아서 힘든 아이들이 있는 한편, 말을 전혀 안 해서 힘든 아이도 있다. 그러나 이는 선생님 입장에서 생각한 것으로, 말을 잘 못해서 정작 고통스러운 사람은 바로 당사자이다. 이런 아이는 말을 안 하는 것이 아니라 못 하는 것이다. 교실 분위기 때문일 수도 있지만, 원인은 대부분 본인의 내면에 있다. 어린 시절 부모님이나 주위 사람들에게 '말하는 게 좀 이상하다'는 평가를 듣고 사람들 앞에서 이야기하는 것 자체를 두려워하게 되었을 수도 있다. 사람들 앞에서 말하기를 두려워하는 아이는 용기를 내지 못하는 것이다. 그러나 발달단계 때문일 수도 있으며, 사실 커가면서 점점 잘 할 수 있게 되는 경우가 많다. 장기적인 관점으로 '언젠가는 되겠지' 하는 느긋한 마음을 심어주면서, 한편으로는 당장 시도 가능한 다른 방법으로 지도해 볼 필요도 있다. 또, 같은 반 친구들의 '얘는 안 돼'라는 생각도 전반적으로 부정적인 영향을 끼치므로 이를 바로잡는다.

여기서 반격!

내면의 문제를 가진 아이에게 무리하게 말하라고 강요해서는 안 된다. 말하지 않아도 된다는 점을 허용해 주어야 한다.

반격의 한마디

"너의 의견을 글로 써서 들려주렴."

즉 '공책 발표'를 하는 것이다. 말로 할 수 없으면 글로 쓰면 된다. 이 역시 훌륭한 발표로 인정해 준다. 그러한 분위기는 교사가 만들어야 한다.

학력 면에서 살펴보면 말하기보다 오히려 쓰기가 중요하다. 아이들이 교실에서 무엇을 하는 시간이 많은지 생각해 보면 알 수 있다(교사는 예외다. 일부러 의식하지 않으면 듣지 않고 온통 말만 하게 된다).

또, 말을 잘하는 사람과 잘 들어 주는 사람 중 어떤 사람이 주변 사람들을 행복하게 해주는지 생각해 보아도 답은 명백하다. 말은 뱉은 즉시 사라져 버리지만, 글은 형태로 남는다. 말하기 능력과 마찬가지로 쓰기 능력도 향후 표현력으로서 '민주 시민의 자질'이 된다.

본론으로 되돌아와서, 교실에서 발표가 필요한 까닭은 무엇일까? 한마디로 요약하자면 자신의 생각을 전하기 위해서다. 큰 소리로 말하기, 조리 있게 말하기 등 발표할 때 지켜야 하는 약속도 모두 자신의 생각을 잘 전하기 위한 것이다. 나의 의견을 상대방이 이해하면 되는 것이다. 이를 해결하는 방법은 매우 단순한데, 글을 쓰고 상대방이 읽으면 그만이다. 쓴 아이와 읽은 아이 모두 생각이 자라난다. 글로 하는 발표를 자연스럽게 받아들이는 분위기를 만들어야 한다.

성공의 비결

- '발표=말'이라는 생각을 버린다. 공책에 글씨로 써도 훌륭한 발표가 된다.
- '말하기 능력 〈 듣기 능력'이라는 인식을 가진다. 마찬가지로 쓰기 능력도 중요하다.
- 말할 수 있고 없고는 아이의 발달에 따라 크게 달라진다. 조급해하지 말고 느긋하게 발달을 기다린다.
- 본인의 의욕 문제는 아니다. 아이의 불안한 마음을 이해해 준다.

허쌤의 교실 이야기

학기 초 마키타 신지의 『틀려도 괜찮아』 책을 꼭 읽어줍니다. 발표가 어려운 까닭은 내 발표가 다른 친구들에게 함부로 평가받고 자존심을 해쳤을 경우가 많습니다. 『논어』에 보면 "자왈 유 회여지지호 지지위지지 부지위부지 시지야(子曰 由 誨女知之乎 知之爲知之 不知爲不知 是知也)"라는 구절이 있습니다. 공자께서 말씀하셨습니다. "유야, 안다는 것이 어떤지를 가르쳐주겠다. 아는 것을 안다고 하고, 모르는 것을 모른다 함이 진정한 앎이니라."

모르는 것을 모른다고 이야기하는 것은 부끄러운 일이 아닙니다. 교실에 실수나 실패에 대해 "괜찮아, 우리는 배워가는 과정이잖아." 이런 공동체 문화가 만들어졌을 때 아이들은 도전하고 실패하고 실패를 딛고 다시 성장할 것입니다.

아홉
선생님에게 예의 없이 구는 아이에게는
▶ 어른으로서 의연하게 대처하자

항상 어딘지 모르게 기분 나쁘게 다가오는 고학년 여학생 A. 다른 반 젊은 남교사인 B 선생님과 마주칠 때마다 "선생님 짜증 나요." 하며 밑도 끝도 없는 이상한 소리를 툭 내뱉는다. 또, "선생님, 저 ○○해 주세요."라고 무리한 요구를 하거나 묘하게 벽을 세우기도 한다.

처음에는 귀엽게 여기고 적당히 웃어넘기던 B 선생님. A는 점점 더 기고만장하여 "어이, B 쌤"이라고 부르는 등 이미 선생님을 대하는 태도라고는 볼 수 없을 정도였다. 교사와 아이의 입장이 완전히 역전되어, B 선생님은 A의 친구들에게까지 무시당하는 지경에 이르렀다.

왜? 어째서?

겉으로만 보면 그냥 짜증 나는 아이다. 그러나 A가 이렇게 행동하는 가장 큰 이유는, 사람을 사귀는 다른 방법을 모르는 것이다. 이런 방법으로 상대방의 관심을 끌었던 성공 경험이 있기 때문에, '감사의 표현', '도움의 요청', '칭찬'과 같은 정상적인 접근법에 서툰 경우가 대부분이다.

남자아이가 여자 선생님에게 응석을 부리거나 쩔쩔매게 하는 까닭도 근본적으로 같다. 그 뿌리에는 관계에 대한 욕구, 애정을 원하는 욕구 등 무언가에 대한 욕구불만이 존재한다.

'사랑의 반대말은 무관심'이라는 말처럼, 정말로 싫어하거나 관심이 없는 상대에게는 애초에 다가가지도 않는다는 사실을 분명히 인지한 다음 대처해야 한다.

여기서 반격!

다른 반 아이일 경우 신뢰 관계가 구축되어 있지 않으므로 단순히 엄하게만 대하면 실패할 가능성이 크다. 신뢰 관계와는 별개로, 그런 접근은 사회에서 받아들여지지 않는다는 점을 가르친다. 일반 사회에서 터무니없는 폭언은 모욕죄, 명예훼손죄와 같은 엄연한 범죄로 취급된다. 학교가 사회로 나가기 위한 준비를 하는 장소라는 관점에서 바라보면, 이 위기는 이를 지도할 수 있는 기회이다.

반격의 한마디

"나는 네 친구가 아니야."

그리고 "하지만 나는 너를 가르치기 위해 학교에 있는 선생님이야."라고 덧붙인다. 사례에 등장한 아이는 '완전 부정'이라는 부정적인 접근법을 취한다. 상대의 인격을 부정하는 '완전 부정'은 인간관계를 파괴하는 좋지 않은 영향을 끼친다. 지도 시에는 다음과 같이 이야기한다. "이럴 바에는 선생님에게 말을 걸지 않아 주었으면 좋겠구나." "네가 '저 사람은 선생님이고, 나는 학생이다'라고 올바른 인식을 가지게 되었을 때 사람 대 사람으로서 좋은 관계를 맺고 싶단다." 가르칠 것은 가르치되 아이 자체를 거부하지 않는다. 아이의 마음속 깊은 곳에는 '관계의 욕구'가 있다. 즉 사실은 선생님을 좋아하고 친해지고 싶어 한다는 전제 아래 대처해야 한다.

성공의 비결

- 근본적으로 관계와 애정의 욕구를 가지고 있다는 점을 꿰뚫어 본다.
- 진정으로 아이의 장래를 위한 일인지 생각하고, 큰 관점에서 이야기한다.

열

수업 시간에 산만하게
돌아다니는 아이에게는

▶ 돌아다니는 것을 허용하는 규칙을 만든다

A는 흔히 말하는 '산만한 아이'다. 수업 중에 차분히 앉아 있지 못한다. 여기저기 돌아다니며 친구들에게 쓸데없는 참견을 한다. 선생님은 그럴 때마다 주의를 주지만 엉덩이를 붙이는 것은 잠깐일 뿐, 다시 일어나 돌아다니기를 반복한다. 수업에 방해가 되기 때문에 선생님의 꾸지람은 점점 높아만 가지만, 본인에게는 전혀 들리지 않는 모양이다.

무시하면 계속 말을 걸고, 꾸짖으면 말대꾸하는 A에게 쩔쩔매는 담임 선생님을 보며 다른 아이들과 학부모들로부터 불만의 목소리가 들려오게 되었다.

왜? 어째서?

'자리에 못 앉는 아이', '엉덩이가 가벼운 아이'의 전형적인 모습이다. 왜 자리에서 일어나 돌아다닐까. 이유는 단순히 몸을 움직이고 싶기 때문이다. 운동 욕구가 높은 탓이다. 정신연령이 낮다고도 할 수 있으나, 이는 아이답다는 반증이기도 하다. 몸을 움직이고 싶은 욕구는 나이가 들수록 점점 줄어든다. 이 자연스러운 욕구를 일반적으로는 스스로 조절한다. 대부분의 아이는 참고 있을 뿐이다. 어른들도 오랫동안 의자에 앉아 강의를 듣는다면 일어나서 기지개를 켜고 싶어진다. 그러나 그렇게 하지 않는 까닭은, 그래서는 안 된다는 것을 알기 때문이다. 욕구를 충실히 따른다면 당연히 움직이게 된다. 이러한 심리를 이해한 뒤 지도에 임할 필요가 있다.

여기서 반격!

그렇다면 이 본능적인 욕구에 어떻게 대처해야 할까. 다음과 같이 반격해 보자.

반격의 한마디

"수업 중에 돌아다녀도 괜찮아요."

이 얼마나 황당무계한 말인가. 그러나 바로 이것이 핵심이다. 특정 아이뿐만 아니라 모든 아이에게 허용해 준다. 즉 '합법적'으로 돌아다닐 수 있게 해 주는 것이다. 단, 다음과 같은 단서를 붙인다.

"공부 내용이 잘 이해가 되지 않아서 물어보고 싶을 때나, 반대로 다른 친구에게 내가 이해한 내용을 가르쳐 주고 싶을 때, 아니면 상담을 하고 싶을 때 등 필요하다면 얼마든지 돌아다녀도 괜찮아요. 우리 모두 힘을 합쳐서 더 똑똑해지도록 합시다."

나는 새 학기가 시작할 때 이렇게 선언한다. 수업의 목적은 앉아 있게 하는 것이 아니라 배운 내용을 자기 것으로 만드는 것이다. 목적을 이루기 위해서라면 돌아다녀도 문제는 없을 터이다.

또 한 가지, 무슨 수를 써도 집중이 잘 안 되는 아이에게는 수업 중에 심부름을 시키는 방법도 있다. "분필이 다 떨어졌는데 교무실에서 가져다줄래?" 하고 부탁하면 신이 나서 출발할 것이다. 합법적인 산책이라고 할 수 있다. 이렇게 아이는 기분 전환을 한다. 아이가 교실을 비운 사이 진행된 수업은 나중에 개별적으로 보충해 주면 된다. 상쾌한 기분으로 공부도 머리에 더 쏙쏙 들어올 것이다.

성공의 비결

- 아이의 본능인 '몸을 움직이려는 욕구'를 이해해 준다.
- 수업 중 돌아다녀도 괜찮다는 기본 생각을 가진다.
- 필요에 따라 합법적인 산책을 시킨다.

허쌤의 교실 이야기

"선생님 물 먹으러 가도 돼요?", "선생님, 화장실 가도 돼요?" 수업 중에 이런 질문을 하는 아이들이 많이 있습니다. 교육의 목표가 '자립'이라는 것을 이해한다면, 그럴 때 매번 선생님이 판단하는 것보다 "그런 것은 선생님에게 물어보지 않아도 됩니다. 스스로 판단하고, 대신 선생님과 정한 사인을 보여 주세요."라고 이야기합니다. 종종 여학생들은 2명이 함께 화장실에 가는 경우가 있는데, 수업 중이라면 꼭 한 명씩 다녀오게 합니다.

아이가 거짓말을 솔직하게 고백했을 때에는

나는 '다른 사람에게 피해를 주는 거짓말은 하면 안 된다'라는 사실을 누군가에게서 배운 것이 아니라, 직접적인 체험을 통해 습득했다고 생각한다.

내가 어렸을 때의 이야기다.

엄마가 '500엔 동전 저금'을 하고 있었다. 500엔짜리 동전이 생길 때마다 모아서 이를 은행에 저금하고 있었던 것이다. 은행에 가져가기 전 잠시 집에 놓아 둔 저금통이 있었다. 당시 초등학교 2학년이었던 내게 500엔의 가치와 매력은 엄청났다. 어느날, 순간적으로 나쁜 마음을 먹고 그 500엔 동전에 손을 대고 말았다. 한 개로 시작했던 도둑질이 두 개, 세 개로 늘어났다. 얼마 안 가 엄마가 동전이 줄어든 눈치를 챘다. "이상하다. 좀 모자라는 것 같은데." 양심에 찔린 나는 "엄마 미안해요. 내가 가져갔어."라고 정직하게 말하고 돈을 돌려드렸다. 나쁜 짓을 할 때마다 부모님은 나를 엄하게 꾸짖었기 때문에, 이번에도 무진장 혼날 것을 각오한 뒤였다.

엄마의 반응은 의외였다. "정직하게 말해 줘서 고마워." "바른말을 하는 아이로 키워서 기쁘다." 그날 이후 손닿는 곳에 돈이 놓여 있어도 절대로 손을 대지 않게 되었다. 도둑질과 사기는 절대 안 된다는 가르침이 말로 하지 않아도 몸에 밴 느낌이 들었다. 만약 그 자리에서 엄청나게 혼이 났어도 부모님을 원망하지는 않았을 것 같기는 하다. 하지만 그랬더라면, 어쩌면 나는 정직하게 고백한 사실을 후회했을지도 모른다.

우리 어머니는 아주 꼼꼼한 편은 아니지만, 가정교육을 훌륭히 해 주신 점에 대해서는 감사하는 마음을 가지고 있다.

3장:

아이들이 활기차게 움직인다!
수업 만들기에
효과적인 반격의 기술

수업은 실로 연속된 국면에서의 진검승부다.
교사와 아이의 상호작용에 모든 사람의 시선이 집중되기 때문에
반격이 가장 빛을 발한다. 그러나 잘못 반격하면
모처럼의 기회가 위기로 전락하기도 한다.
이 장에서는 아이들의 다양한 질문과 반응을 이용하여
반 전체의 수준을 한층 향상시킬 수 있는 반격을 소개한다.

하나
"그거 안 배웠는데요"라고 할 때
▶ 학력 향상의 기회로 삼을 것

4학년 교실, 국어 수업이 한창이다. 선생님이 칠판에 글씨를 쓰기 무섭게 어떤 아이가 손을 들고 말한다.

"선생님, 그 한자는 4학년에서 안 배우는데요."

"그래? 안 배우는구나. 미안, 미안."

선생님은 한자를 지우고 히라가나[1]로 다시 썼다.

그러자 아이들 사이에 '안 배운 한자는 쓰면 안 된다'는 상식이 퍼졌다. 다른 아이들도 한자를 쓸 때마다 "이건 배운 거예요.", "이건 안 배운 거예요."라고 지적하는 버릇이 생겼다. 선생님이 판서할 때뿐만이 아니라 각자 글을 쓸 때조차 학년 배당 한자 이외에는 절대로 쓰지 않게 되었다.

---

1 히라가나: 일본 고유의 표음문자.

왜? 어째서?

배우지 않은 한자는 읽어서도 안 되고, 써서도 안 된다는 전제부터 잘못되었다. 학습지도요령[2]에 제시된 학년 배당 한자는 최소한 이 정도는 알아야 한다는 뜻이며, 그보다 더 많이 가르쳐서는 안 된다는 제한은 없다. 그러나 교과서는 그 특성상 학년 배당 한자가 아니면 사용하지 않는다. 국어 교과서의 읽기 자료 같은 경우에도, 원문에는 한자로 되어 있지만 히라가나로 고쳐서 표기한다. 이 때문에 교사들조차 학년 배당 한자 이외에는 쓰면 안 된다는 오해를 한다. 아이들한테까지 이 생각이 전염되고 있다. 잘 생각해보면, 아이들이 읽는 일반 책에서는 학년 배당 한자 따위를 신경 쓰지 않는다. 대신 후리가나[3]를 달아 준다. 그렇게 해서 그 한자를 읽을 수 있게 된 아이들도 많다. 이를 수업에 적용해 보자.

여기서 반격!

'안 배웠는데요'라는 말을 들은 즉시 이렇게 반격한다.

---

2 학습지도요령: 일본의 국가수준 교육과정.
3 후리가나: 한자 발음을 히라가나로 표기한 것. 주로 한자 위에 작게 쓴다.

"읽을 수 있는 한자가 또 늘어났구나."

'학교에서 안 배운 한자는 읽을 수 없다'는 아이들의 인식을 바꾼다. 이런 생각은 학교에서 배우지 않은 한자를 읽을 수 있는 사람은 아무도 없다는 결론으로 이어진다. 절대 그렇지 않다. 그렇다면 어떻게 읽을 수 있게 되는가? 바로 일상생활에서 읽어볼 기회가 있기 때문이다. 부모님과 함께 외출을 했을 때 간판에 쓰인 한자를 어떻게 읽는지 물어보면서 한자 읽는 방법을 배우게 된다. 앞에서 후리가나 이야기를 했지만, 어른들이 읽는 책에도 어려운 한자에는 후리가나가 달려 있는 경우가 많다.

또, 한자로 써야 편리하다는 사례를 들어 설득력을 높인다. 이를테면 다음과 같은 문구이다.

"스모모모모모모모모모노우치."

이를 칠판에 쓰면 아이들은 각자 소리 내어 읽기 시작한다. 읽는 방법은 당연히 제각각이고, 눈치 빠른 몇몇 이외에는 제대로 읽지 못한다.

이때 그 옆에 '李(스모모)모 桃(모모)모 桃(모모)노 우치'[4]라고 쓴다. '李'를 읽는 방법도 이 기회에 가르친다. 이렇게 하면 더듬거리지 않고 읽을 수 있다는 점을 실감하게 만든다. '우라니와니와

---

[4] 李も桃も桃のうち: '자두도 복숭아도 복숭아의 일종'이라는 뜻. 여기서는 같은 발음이 반복되는 것을 활용한 언어유희.

니와니와토리가이타[5] 등 뭐든지 좋다. 히라가나로만 쓰면 읽기 불편한 사례를 드는 것이 핵심이다.

성공의 비결
- 한자어는 되도록 칠판에 한자로 쓴다.
- 필요에 따라 후리가나를 써서 모든 아이가 읽을 수 있도록 한다.

---

5 裏庭には二羽鶏がいた: '뒤뜰에는 두 마리 닭이 있다'라는 뜻. 마찬가지로 발음을 이용한 언어유희다.

허쌤의 교실 이야기

선행학습을 한 아이들이 다른 아이들은 모르는 단어를 이야기한 경우에는 "다음에 배울 내용이니 미리 칠판에 저금해 두겠습니다."라고 하고, 칠판 오른쪽 위에 저금통 모양을 그린 후에 그 안에 그 단어를 적어 둡니다. 그리고 시간이 흘러 그 단어가 나오게 되었을 때, 소개하면 아이들 기억은 더욱 강화하게 되어 효과적입니다.

둘
과제를 빨리 끝낸 아이가 시끄럽게 굴 때
▶ 친구들을 위해 능력을 발휘시킨다

수학 시간이다. 제시된 학습문제를 각자 스스로 해결하도록 해 보면, 아이들은 크게 세 부류로 나눌 수 있다. 첫 번째 부류는 어떻게 풀어야 하는지 전혀 모르는 아이들이다. 담임 선생님이 옆에서 친절히 가르쳐 주는 동안 두 번째 부류가 나타난다. "선생님, 저 다 풀었어요!" 학원에 다니는 아이들은 유난히 해결 속도가 빠르다. 세 번째 부류는 자기 혼자 낑낑대며 풀어 보려는 아이들이다. 그러다 보면 빨리 끝난 아이들이 떠들기 시작한다.

이런 수업이 반복되면서, 아이들은 수학을 잘 못해서 싫어하고 포기하는 부류와 너무 쉬워서 재미없다는 부류로 양극화되었다. 중간에 낀 아이들도 선생님은 자기들을 전혀 신경 쓰지 않는다며 불만의 목소리를 내기 시작했다.

왜? 어째서?

이런 풍경은 특히 수학 시간에 자주 볼 수 있다. 수업 방식 자체가 틀렸다고는 할 수 없지만, 아이들의 반응을 예측하고 그에 대비하는 자세가 부족하다. 먼저 수업 구조 자체가 대다수 아이를 위한 것이 아니다. 지나친 개별 지도 역시 지양해야 한다. 아이를 위한다는 명분 아래 교사가 수학을 못 하는 아이 옆에 계속 붙어서 지도한다면, 그 아이가 수학에 젬병이라는 점을 다른 아이들에게 널리 알려 오히려 수학 포기자를 양산하는 셈이다. 그리고 과제를 빨리 끝낸 아이와 충분한 시간이 있으면 스스로 해결할 수 있는 아이를 함께 지도하는 방법이 바람직하다.

여기서 반격!

문제를 빨리 푸는 능력을 다른 친구들을 위해 두루두루 활용하도록 만든다.

"선생님, 벌써 다 풀었어요." 이 말에 기다렸다는 듯 다음과 같이 반격한다.

반격의 한마디

"혼자 풀고 혼자 아는 것에 만족하지 말고,
그 능력을 친구들을 위해 쓰자."

친구들은 가지고 있지 않은 드문 능력을, 친구들을 위해 쓰도록 하는 것이다. 내 도움으로 문제를 해결한 친구가 좋아하는 모습을 보면 내가 문제를 푼 것보다 기분이 더 좋다. 그 경험 때문에 꿈을 선생님으로 정한 사람도 있을 정도이다. 필요하다면 수업 시간에 돌아다녀도 된다는 규칙을 정한다. 그러면 여기저기서 손을 들면서 도와달라고 한다. 선생님에게는 선뜻 물어보지 못하는 아이라도, 친구에게는 거리낌 없이 물어볼 수 있다. 가르침을 받는 아이는 여럿이므로, 혼자서만 눈에 띈다는 걱정 없이 배울 수 있다.

아울러 이렇게 말한다. "사람마다 잘하는 것과 못하는 것이 각각 다르지요. 그걸 개성이라고 합니다. 수학을 잘하는 A는 B를 가르쳐 주었어요. 하지만 A는 축구를 잘 못할지도 몰라요. 수학을 가르쳐 준 것에 대한 보답으로, 축구를 할 때 B가 A를 도와줄 수도 있고, B 대신 C가 도와줄 수도 있어요. 그러면 B는 C가 잘 못하는 리코더를 가르쳐줘도 되지요. 결과적으로 모두가 모두를 자신이 잘하는 것으로 도와주게 됩니다. '도와줘!', '내게 맡겨!'라고 스스럼없이 말하는 반, 멋지지 않나요?"

나만 알면 50점, 친구에게 가르쳐 주면 75점,
친구가 "알았다!"라고 하면 100점
(소노다 마사하루, 『학교라는 극장-넘버원보다 온리원의 교육을』. 1996,
국내 미출간)

성공의 비결

- 잘하는 것이 있으면 가만히 있지 말고 친구를 최대한 도와주도록 한다.
- 선생님 혼자서 무리하는 것보다 아이들의 능력을 두루두루 활용한다.

- 아이들이 문제를 푸는 시간은 각자 다르다는 당연한 사실을 전제로 삼는다.

허쌤의 교실 이야기

학습 효율성 피라미드

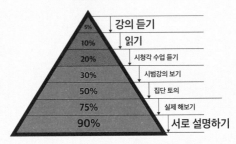

5%	강의 듣기
10%	읽기
20%	시청각 수업 듣기
30%	시범강의 보기
50%	집단 토의
75%	실제 해보기
90%	서로 설명하기

출처: NTL(National Traning Laboratories)

학습효율성 피라미드를 아이들에게 보여주며 지도합니다. 가장 기억에 오래 남는 방법은 '서로 설명하기'입니다. 왜냐하면 메타인지가 발달하기 때문입니다.

우리 반에서는 단원 평가를 보고, 수학을 가장 잘하는 아이 5명을 3급 정교사로 정하고 자격증까지 목에 걸도록 해 줍니다. 이 아이들은 칠판에 얼굴 사진을 붙이고, 친구들이 묻는 것을 도와주거나 채점을 해줄 수 있습니다. 채점한 아이들도 칠판에 얼굴 사진을 붙여 놓고 누구에게 채점을 받았는지 3급 정교사 아이 얼굴 사진과 자신의 사진 사이에 선을 연결합니다. 장지혁 선생님의 배움지도를 접하고, 좀 더 수정해 친구들을 돕게 하니 더욱 교실 수업이 활발해졌습니다. 물론 이 5명의 3급 정교사 아이들은 제가 채점해 줍니다. 그리고 저한테 검사받기 전에는 친구들을 가르치거나 채점해 줄 수 없습니다.

셋
선생님이 생각한 정답과
다른 의견이 나왔을 때
▶ 찬스로 삼는다

도덕 시간에 있었던 일이다. 용기를 내어 할머니에게 자리를 양보한 이야기를 듣고 친절에 대해 생각하고 있었다. 모든 아이가 '다른 사람에게 친절을 베풀면 기분이 좋아진다'는 의견으로 정리 학습을 하던 중, A의 한마디가 들려왔다. "저는 양보하지 않는 게 좋다고 생각해요." 아이들은 이 말을 듣고 모두 '헉' 하고 놀라며 A의 말에 강하게 반발했다. A는 더 하고 싶은 말이 있는 듯했지만 주위 친구들의 반대 의견이 빗발치자 입을 다물고 말았다. 냉랭한 공기가 교실을 휩싼 채로 수업이 끝났다.

왜? 어째서?

이 수업은 완벽한 실패 사례다. A의 의견은 도덕 수업에서 최고의 교재로 쓰일 수 있었다. 왜냐하면 도덕 수업에서 다루는 가치 자체에 대해서는 거의 모든 아이가 옳다고 생각하기 때문이다. 이를 굳이 수업에서 다루는 까닭은, 현대사회를 살아가는 인간은 반드시 도덕적으로 옳은 가치를 선택한다고 단정 지을 수 없기 때문이다. 현실에 눈을 돌려 보면 진지한 성찰의 기회가 생겨난다.

즉, '답은 정해져 있고 너는 대답만 하면 돼' 하는 식으로 뻔한 수업을 하면 아이들에게 전혀 와 닿지 않거나 오히려 나쁜 영향을 끼치게 된다. A의 의견처럼 실제 생활 체험에서 우러나온 일견 '반도덕적'인 의견이야말로 진지하게 이야기를 나눠 볼 가치가 있다. 교과서적인 답을 내던지고, 파고 들어갈 수만 있다면 모든 아이에게 진정한 배움이 일어나게 된다.

여기서 반격!

놀라지 말고 일단 여유롭게 받아들인 뒤, 다음과 같이 반격한다.

반격의 한마디

"일리 있는 말이구나. 조금 더 자세히 말해 보렴."

'일리 있는 말이구나'라는 표현은 먼저 의견을 입 밖으로 낸 것 자체를 긍정적으로 바라보고 인정한다. 계속해서 좀 더 심도 있게 그 이유를 말해 보라고 한다. "조금 더 자세히 말해보렴." 이 흐름이 정석이다. 어떤 돌발 의견이 튀어나오더라도 이런 식으로 반격한다.

애초에 교사가 편한 수업이 재미있을 리가 없다. 수업이 재미있어지려면 예상을 뛰어넘는 의견이 나와야 한다. 이런 수업을 만들기 위해서는 반드시 '사전 작업'을 해야 한다. 바로 의견이 달라도 괜찮다는 전제를 세우는 것이다. 이 전제가 평소 수업에서 적용되지 않는다면 앞서 제시한 반격도 불가능하다. 실수도 환영받는 학급 문화를 만드는 것이다. 언뜻 듣기에 이상한 의견에도 교사가 얼마나 흥미를 보이는가, 가치 있게 만들 수 있는가, 수업의 성패는 여기에 달렸다.

"또 다른 의견은 없나요?" 하고 계속해서 발표를 시키고, 교사가 의도하는 답이 나왔을 때만 판서하거나 받아들이는 것은 전형적인 나쁜 방법이다. 아이들로 하여금 선생님 눈치를 살피고 선생님이 원하는 의견만 생각하게 하는 잘못된 습관을 들이게 된다.

평소에 선생님이 의도하는 의견만 끌어내려고 하지 말고, 다양한 의견을 환영해 보자.

성공의 비결

• 다양한 의견을 환영하는 학급 문화를 평소에 만들어 나간다.
• 다양한 의견을 즐기는 여유를 선생님이 먼저 보여준다.

허쌤의 교실 이야기

아이들이 몰려와 경철이와 동민이가 엘리베이터를 탔다고 이야기했습니다. 마침 도덕 수업 1단원은 '정직'에 대해 공부하는 단원이라 아이를 혼내지 않고 물었습니다.

"엘리베이터를 무엇 때문에 탔는지 이야기할 수 있을까요?"

"엘리베이터는 사람이 타라고 만들어졌기 때문입니다."

"그런데 왜 엘리베이터를 타지 못하도록 하고 있을까요?"

여기저기서 손을 들자 재윤이에게 발표를 시켰습니다.

"모두 다 타게 하면, 무거운 짐을 든 사람은 엘리베이터를 타지 못해 힘들게 계단으로 올라가야 합니다."

지은이가 대답을 더했습니다.

"할머니, 할아버지나 다친 아이들도 타지 못하게 됩니다."

아이들끼리 활발한 토론 후에 경철이에게 엘리베이터를 타는 행동에 대해 다시 어떻게 생각하냐고 물었습니다. 아이는 "앞으로는 단 한 명이라도 옆에 있으면 엘리베이터를 타지 않도록 하겠습니다."라고 양보했지만, 이렇듯 문제행동이 아이들의 수업으로 들어와 행복한 시간이었습니다.

넷

"이미 다 알아요"라고 할 때

▶ 실험&관찰은 수업의 생명이라는 점을 명심한다

6학년 과학 수업 시간. 이 학급에는 학원에 다니는 아이들이 많은 탓에 실험 및 관찰을 하기 전부터 "이거 어떻게 되는지 이미 다 알아요."라는 반응이 많다. 그래도 확인 차원에서 실험과 관찰을 성실히 하고자 노력하고 있다.

언젠가 지층을 공부할 때였다. 학교 주변에는 걸어서 지층을 보러 갈 만한 곳이 없었기 때문에, 어쩔 수 없이 자료집에 있는 사진과 모형으로 대체하였다. 학급의 단원평가 평균 점수는 그럭저럭 괜찮은 수준이었다. 그런데 학년말고사를 실시해 보니, 지층 단원 성적만 다른 단원에 비해 터무니없이 낮게 나온 것이었다. 견학을 생략하지 말았어야 했다는 후회가 들었다.

왜? 어째서?

과학의 생명은 실험과 관찰이다. 그럼에도 불구하고 대개 교과서에 있는 내용을 공책에 정리하고 끝내는 경향이 있다. '이 정도는 눈으로만 봐도 이해할 수 있겠지'라는 얕은 생각만으로는 100%

실패한다. 단기적으로는 기억할 수 있어도 체험적인 기억이 되지 않으므로 장기 기억으로 넘어가지 않는 것이다.

아이들은 어른들이 당연히 알고 있으리라고 여기는 것을 의외로 모르고 있는 경우가 많은데, 이는 단순히 경험이 적기 때문이다. 경험을 통해 뼛속 깊이 체득시켜 줄 필요가 있다. 견학이 불가능한 상황에서도 어떻게든 방법을 찾아내어 가는 것 자체에 의의가 있다. 수고를 들여서 얻는 장점이 크기 때문에 견학을 가는 것이다.

여기서 반격!

국어 시간에 상상력을 동원해서 책을 읽거나, 수학 시간에 엄청나게 큰 수를 상상해서 계산하는 일이 있다. 이는 눈앞에 실물이 없기 때문에 상상력을 발휘하는 것이다.

그러나 과학의 생명은 관찰과 실험이다. 과학은 무조건 실물을 지향한다. 아무리 보기 좋고 상세한 비주얼의 사진이 있어도, 멋지게 잘 만들어진 영상이 있어도 눈앞의 실물을 직접 만져보는 가치에는 비할 바가 아니다. 반격은 과학의 기본에 있다.

반격의 한마디

"실제로는 어떨까? 보러 가자!"

'실험해 보자, 관찰해 보자'가 과학의 핵심이다. 예상하고, 실제로 확인하고, 결과를 보면서 왜 그럴까 고찰하는 것이다. 이를 위해서는 반드시 실물을 관찰해야 한다.

이를테면 '개미의 다리는 어디에 달려 있을까요?', '자석에 동전이 붙을까?'라는 과학의 유명한 발문이 있다. 두 질문 모두, 머리로는 알 것 같지만 실제로 확인해 보지 않으면 모른다는 재미가 있기 때문에 아이의 지적 호기심을 자극한다.

실패 사례로 제시된 지층의 경우, 교실로 가져올 수 없으므로 어떻게 해서라도 아이들을 데리고 나갈 필요가 있다. 어쩌면 학년 초에 전세버스를 예약해야 할지도 모른다. 엄청나게 수고로운 일임에도 불구하고 실물을 관찰한다는 가치 하나만을 위해 나가는 것이다. 실물 체험에는 그럴 만한 가치가 있다. 가치를 이해하는 것이 중요하다.

성공의 비결

- 먼저 예상해 보게 한 뒤 아이의 지적 호기심을 자극한다.
- 반드시 실물을 준비하여 실제로 접하게 한다.

다섯
선생님도 모르는 것을 물어볼 때
▶ 직접 생각해 보게 한다

A는 아는 것이 많은 척척박사다. 특히 역사에 깊은 흥미를 가지고 역사 만화와 역사 잡지를 즐겨 읽는다. 사회 시간에 역사 단원을 공부할 때에는 의욕이 넘쳐서 머리에 떠오른 것을 쉴 새 없이 질문한다. 개중에는 선생님이 대답할 수 없는 질문도 많아서 대답하기 곤란했던 적도 부지기수. "그건 잘 모르겠구나." 하고 대답하면, A는 "선생님인데 그것도 몰라요?" 하며 무시하는 기색을 보인다. 그 후에도 A는 일부러 선생님이 잘 모를 것 같은 질문을 던지고는 선생님이 쩔쩔매는 반응을 즐기게 되었다.

왜? 어째서?

일단 선생님은 모르는 게 없으며 뭐든지 가능한 전지전능한 존재라는 전제에 문제가 있다. 사실 아무도 그런 것을 기대하지 않는다. 그러나 마음속 어딘가 '교사는 훌륭해야만 해', '아이에게 무시당하면 안 돼'라는 생각이 있으면 자기도 모르게 허세를 부리게 된다.

선생님은 뭐든지 알고 있어야 한다는 착각에 빠진 아이도 있는데, 이는 앞선 사례와 같은 질문 공세로 이어진다.

또, 뭐든지 물어보면 대답해 주겠지, 해 주겠지 하고 안이하게 생각하면 수동적으로 행동하게 된다(나는 이를 어미 새가 물어다 주는 먹이를 기다리는 새끼 새 상태, 줄여서 '삐약이'라고 부른다). 이런 자세 자체도 문제다. 자기가 궁금한 것은 다른 사람에게 의지하기보다 스스로 알아내려는 자세로 바꿔야 한다.

여기서 반격!

먼저, 그 질문을 생각해 낸 발상을 칭찬한다. 다음과 같이 반격한다.

반격의 한마디

"대단해! 정말 똑똑하구나. 한번 조사해 보렴!"

이 짧은 반격 안에는 많은 메시지가 담겨 있다. 먼저 '대단해!'는 그런 생각에 대한 칭찬이다. '똑똑하다'는 말은 아이의 자존심을 치켜세운다. 또 지식이란 자신이 스스로 획득해야 하며 너에게는 스스로 알아낼 능력이 있다는 메시지이기도 하다.

그리고 가장 중요한 것은, 잘 모르거나 막혔을 때에는 우선 스스로 해 본다는 기본을 가르치는 것이다. 스스로 알아보아도 해결되지 않을 때 비로소 다른 사람에게 배우는 것은 괜찮을 터이다. 국가교육과정 총론에서 추구한 인간상 중 하나가 '자주적인 사람'이다. 주체적으로 배우는 아이를 기르는 것이 중요하다.

참고로 이 반격 이후 나타나는 아이의 행동은 크게 두 가지로 나눌 수 있다.

첫 번째는 조사해 보지 않는 유형이다. 이는 사실 딱히 그렇게 궁금한 것도 아니었다는 뜻이므로 내버려 둔다. 아무래도 좋은 질문이라는 증거이다. 이 아이가 또 다른 질문을 해 온다면 "그러고 보니, 예전에 물어봤던 OO에 대해서는 조사해 봤니?" 하고 반격해 준다.

두 번째는 실제로 조사해서 공책에 정리해 오는 유형이다. 정말로 궁금했다는 뜻이다. 크게 칭찬해 주고, 학급 아이들에게 이렇게 알게 된 지식을 널리 알린다. 조사해 온 본인도 만족할뿐더러 지식의 공유도 이루어진다.

성공의 비결

- 스스로 배우는 힘을 기르는 것을 우선시한다.
- 선생님도 아는 것보다 모르는 것이 많다는 점을 자각한다.

허쌤의 교실 이야기

학기 초면 서준호 선생님의 '완벽한 선생님은 없어' 수업을 따라 합니다. 포스트잇을 나누어주고, 한 장에는 '이런 선생님이 좋아요'라는 제목으로, 다른 한 장에는 '이런 학생이 좋아요'라는 제목으로 글을 쓰게 합니다. 그런 후에 칠판에 붙인 후, 포스트잇을 읽어줄 때 자신이 해당한다고 생각될 때 손을 들게 합니다.

"혹시 모두 손을 든 친구가 있나요? 세상에 완벽한 사람은 없어요. 누구나 장점과 단점이 있죠. 선생님은 여러분이 못하는 것이 아닌 할 수 있는 것을 보려 노력할 거예요." "완벽한 학생이 없듯 완벽한 선생님도 없어요. 선생님, 이것도 몰라요? 이것도 못해요? 라고 말하면 선생님은 정말 슬플 거예요. 우리는 모두 부족하지만, 좋은 점도 가지고 있어요. 올 한 해 서로가 가지고 있는 좋은 점에 집중해서 서로의 장점을 바라보며 행복하게 보냅시다!"

여섯
자신이 없다고 시도조차 하지 않으려 할 때
▶ 용기를 불어넣는 장치를 준비하자

5학년 A는 체육 시간이 고역이다. 학기 초에는 억지로 참여했지만 시간이 흐를수록 해보려는 노력조차 하지 않는다. 입버릇은 '어차피 난 안 돼.' 그럴 때마다 담임 선생님은 격려를 아끼지 않았다. "힘내자. 해 보려고도 하지 않으면 영영 못하게 돼." 그렇게 어르고 달래보았지만, A는 아프지도 않으면서 체육 시간에 앉아만 있는 일이 많아졌다. 이윽고 견학만 하는 것에 부담을 느꼈는지, 특히 못하는 종목을 하는 날이면 자주 학교를 빠지게 되었다.

왜? 어째서?

체육은 실기 중심이므로 체육을 잘 못하는 아이는 다른 교과를 못하는 아이보다 더 쉽게 눈에 띄기 마련이다. 기구 운동처럼 잘 하는 아이와 못하는 아이가 확연히 구분되거나, 달리기처럼 빠른 아이와 느린 아이를 알 수 있는 종목은 잘 못하는 아이들에게 고통으로 다가온다. 또 몸이 무거운 비만 아동은 쉽게 숨이 차고 지치기 때문에 다른 아이들을 따라가기 벅차다. 게다가 고학년 아이들은 자신이 남들에게 어떻게 보이는지 굉장히 신경을 쓴다. 못하는 모습은 당연히 같은 반 친구들에게 보여 주고 싶지 않다. 못하니까 안 하고, 안 하니까 점점 더 못하게 되는 악순환에 빠지게 되는 것이다. 사례에 등장한 A는 자신감이 부족한데, 이를 극복하기 위해 필요한 것은 노력을 통한 성공의 체험이다. 문제는 열심히 하는 모습 자체를 보여 주고 싶지 않다는 점이다. A가 운동을 즐기게 되려면 이를 극복해야 한다.

여기서 반격!

이런 경우에는 물리적·공간적으로 분리된 장소에서 할 수밖에 없다.

반격의 한마디

"선생님이랑 같이 비밀 특훈하자."

'비밀 특훈'이 포인트다. 오픈된 장소는 피한다. 다른 사람들이 자신을 보고 있으면 운동에 몰두할 수 없다. 그렇다면 주변 아이들의 눈을 피해 안심하고 연습할 수 있는 환경을 만들어 준다.

맨투맨 지도는 포인트를 짚어줄 수 있으므로 효과적이다. 선생님 이외에는 아무도 없으므로 실패해도 부끄럽지 않고, 운동에 집중할 수 있다. 끊임없는 격려를 받으며 계속 연습하다 보면 분명히 나아질 것이다. 성공했을 때에는 최대한 호들갑을 떨며 기뻐하는 모습을 보여준다. 선생님은 때때로 배우가 될 필요가 있다. 지금까지 계속 도망치기만 했던 일에 아이가 도전한다면 배우가 되는 일은 중요하다.

그리고 가능하다면 다음 체육시간에 반 친구들 앞에서 발표를 시킨다. 성공에 함께 기뻐하면서, 본인은 물론 주위 아이들에게까지 따뜻하고 희망찬 마음이 솟아날 것이다.

또, 비밀 특훈을 하는 만큼 반드시 성공하도록 해야 한다. 이를 위해서는 잘 지도하는 것도 중요하지만 '꼭 되게 만든다'는 신념과 각오가 더더욱 중요하다. 각오를 다진 뒤에 반격해 보자.

성공의 비결

- 아이의 자존심(고학년인 경우에는 특히)을 배려하며, 마음이 편안한 환경을 만든다.
- 배우가 되어 "괜찮아", "잘 되고 있어!", "대단해!" 등 희망과 격려의 말을 아끼지 않는다. 성공하면 호들갑을 떨며 기뻐해준다.
- 반드시 내가 저 아이를 성공시킨다는 신념과 각오를 다진다.

일곱
같은 실패를 반복할 때
▶ 코치를 붙인다

5학년들의 10월. 철봉 거꾸로 오르기를 잘 못하는 A는 최선을 다해 노력하고 있었다. '열심히 하면 언젠가 되겠지.' 그러나 결국 수업 중에는 아무리 용을 써도 실패할 뿐이었다. 담임 선생님은 쉬는 시간에 좀 더 연습해 보자며 격려해 주었지만, 실제로는 수업 시간 외에 선생님의 지도를 받을 수는 없었다. 이윽고 겨울이 되어 날씨가 추워지자, A의 의욕은 급격히 사그라들었다. 결국 A는 학년이 끝날 때까지 철봉 거꾸로 오르기를 성공하지 못했다.

왜? 어째서?

먼저 시기상의 문제다. 잘 되지 않는 것을 열심히 해 보려는 마음은 원래 그렇게 오래 가지 않는다. 의욕이 있을 때 단번에 해내야 한다. 또 철봉 운동을 10월에 하다 보면 꾸물거리는 사이 순식간에 겨울이 된다. 단기간에 계획적으로, 쉬는 시간까지 포함하여 제대로 노력하게끔 만들 필요가 있다.

또, 담임은 의외로 쉬는 시간에 시간을 낼 수 없는 법이다. 특히 고학년 담임은 아이들 관리와 학교 업무를 동시에 맡기 때문에, 업무 처리를 위해 점심시간마저 희생해야 하는 경우가 많다. 쉬는 시간도 함께할 수 있는 동료가 있다면 이야기는 달라지겠지만, 원래 철봉을 잘 못하는 아이이기 때문에 그대로 내버려두면 스스로 할 것이라고는 장담할 수 없다. 스스로 하려 하지 않는 마음가짐을 의도적으로 바꿔줄 필요가 있다.

여기서 반격!

못하는 것에는 개별 지도가 가장 효과적이다. 다음과 같이 반격한다.

반격의 한마디

"누구를 코치로 삼으면 성공할 수 있겠니?"

혼자서는 시도해볼 엄두조차 내지 못하는 아이라도, 든든한 친구와 함께라면 힘을 낼 수 있다. 코치를 맡아줄 아이가 꼭 운동을 잘할 필요는 없다. 오히려 못했다가 잘할 수 있게 된 아이가 가장 적합하다. 실패의 괴로움, 성공의 요령을 몸으로 익혔기 때문이다. 좋은 코치가 될 가능성이 높다. 배우는 아이와 가르치는 아이 모두에게 플러스가 된다. 성공한 순간의 환희는 모두에게 각별하다. 아이들끼리 좋은 관계를 만들어 나가는 데에도 도움이 된다.

한자 공부나 계산 훈련도 마찬가지지만, 수업과 수업 사이 연습이 중요하다. 아이들 사이의 가르치는 힘을 잘 활용해 보자.

참고로 이 방법은 쉬는 시간에 아이들끼리 몰입해서 할 수 있는 모든 것에 응용할 수 있다. 예를 들어 쌩쌩이에 코치를 붙여서 연습한다면, 별다른 준비 없이 아이들끼리 가볍게 할 수 있으므로 거꾸로 오르기 이상으로 추천하는 바이다. 수업 중 선생님이 아무리 가르쳐도 성공하지 못한 아이가, 신기하게도 친구 코치에게 배우면 금세 성취해 낸다. 아이에게는 가르치는 힘이 있다는 사실을 다시금 깨닫게 된다.

성공의 비결

- 코치는 아이가 든든하게 여기는 상대로 직접 고르게 한다.
- 아이의 가르치는 힘을 믿고 맡긴다.
- 코치 아이도 잊지 않고 많이 칭찬해 준다.

허쌤의 교실 이야기

우리 반에는 '도우미'와 '배우미' 제도가 있습니다. '도우미'는 친구를 도와주는 역할을 하는 아이, '배우미'는 친구의 도움을 받는 아이입니다. 배우미도 스스로 배우려는 의지를 보여야 배우미가 될 수 있습니다. 수학 시간이나 줄넘기 지도, 태권도 지도 등 곳곳에 도우미와 배우미가 서로에게 선한 영향력을 끼치며 '성장'할 기회를 가져다준다고 믿습니다.

여덟
망쳤다는 생각에 빠졌을 때
▶ 편안한 마음을 가지게 한다

미술 시간. 이야기 속 장면을 상상해서 그려보는 활동을 하고 있었다. 밑그림을 완성한 뒤 드디어 수채화 물감으로 색칠할 차례가 되었다. 밑그림의 선에서 삐져나오지 않도록 모든 아이가 숨죽여 열중하고 있었다. 그런데 어디선가 "선생님, 저 망쳤어요."라는 목소리가 들려왔다. 살펴보니, 밑그림을 무시하고 아무렇게나 칠해 버린 모양이다. 크게 풀이 죽어 이러지도 저러지도 못하는 아이에게 "일단 계속 칠해 보렴." 하고 한마디 해주고는 어떻게든 이어서 완성하도록 했다. 완성된 그림의 작품 카드에는 '색칠이 망했다'라고 쓰여 있었다. '실패작'이라는 생각을 떨치지 못한 채 수업이 끝나고 말았다.

왜? 어째서?

미술은 완성된 작품을 보면서 아이들이 만족스러운 기분을 느낄 수 있도록 표현하는 것이 무엇보다 중요하다. 위 사례에서 선생님은 '꼼꼼함'에 중점을 두어 지도했지만, 그렇게 하기 힘든 아이들도 있다. '대담함'을 지닌 아이일지도 모른다. 미술은 대개 한판

승부다. 연필 선을 지우개로 지우듯이 되돌려 고칠 수 없는 경우가 많다. 그 중의 하나가 물감으로 색칠하기인데, 실패할 때도 있다. 때로는 실패하기도 한다는 점을 전제로 삼고 지도해야 한다. 아주 작은 실수도 허용하지 않는다면 아무래도 작품이 소심해지기 마련이다. 실패도 작품의 일부로 즐길 수 있는 미술 수업을 해야 한다. 이를 위해서는, 절대 실패하면 안 된다는 지도자의 잘못된 생각을 바꿔야 한다.

여기서 반격!

실패 역시 미래를 위한 것이라는 생각으로 지도한다. 다음은 반격의 말이다.

반격의 한마디

"미술에 실패는 없다."

아이들이 만드는 것에 '실패작'은 없다는 생각으로 지도에 임한다. 모든 것이 그 아이 특유의 표현이다. 색칠 도중 삐져나온 선도, 조각도로 무심코 지나치게 많이 파 버린 부분도, 모두 그 아이 나름의 이야기다. 그런 부분에만 집중하면 실패라고 생각될 수도 있지만, 완성한 뒤에 살펴보면 전혀 신경 쓰이지 않을 뿐더러 의외의 멋이 느껴지기도 한다. 인생과 같다. 부분적으로는 실패했다고 느끼더라도 전체적으로 성공이라면 그걸로 족한 것이다.

미술을 싫어하게 만드는 방법은 오히려 완벽을 추구하는 것이다. 작은 부분까지 선생님이 시시콜콜 참견을 한다면, 겉보기에는 좋은 작품이 나올지 몰라도 아이의 작품에서는 멀어지는 것이다.

어느 대회에서 특별상을 받은 아이가 있다. 그 아이는 상을 받을 때 지도해 준 선생님에게 이렇게 말했다고 한다. "선생님, 그건 제 작품이 아니에요." 선생님의 열정이 지나치면 그렇게 되기 마련이다. 아이의 작품을 소중히 여기고 실패도 나름의 멋으로 보며, 편안한 마음을 가지도록 다독여 주어야 할 것이다.

성공의 비결

- 미술 작품에 실패란 없다는 점을 명심한다.
- 아이가 망쳤다고 생각해도, 이를 인정하고 플러스로 전환한다.
- 지도의 관점을 바꿔 지나치게 참견하지 않는다.

허쌤의 교실 이야기

아이들끼리 모여 '실패'란 무엇인지 마인드맵으로 생각을 표현하는 시간을 가져 보세요. 선생님에게 '실패'란 무엇인가요?

신문에 아래와 같은 내용의 강연이 소개되었습니다. "4살 아들이 스마트폰 게임을 하다가 'Fail'이 뜨자 좋아하더라. 무슨 뜻인지 묻자 '실패'라고 대답했다"며 "그래서 실패가 무어냐고 묻자 아들이 '다시 하라는 거야'했다"라고 전했습니다. 어쩌면 4살 아이의 실패에 대한 생각이야말로 '성장형 사고방식'을 키우는 지름길이 아닐까 생각합니다. 실패는 새로운 시작을 의미합니다. 전문가란 할 수 있는 모든 실패를 다 해본 사람이라고 생각되지 않나요?

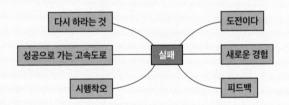

스팽스 CEO 및 창업주 '사라 블레이클 리'는 어릴 적 아버지가 늘 "오늘은 무슨 실패를 했니?"라고 물었다고 했습니다. 그날 실패한 것이 없다고 하면 아버지는 실망스러워했다는 것입니다. 반대로 "오늘 이걸 못하고 말았어요."라고 하면 "아무것도 안 하는 것보다 훨씬 잘했다."며 칭찬해 주셨다고 했습니다. '성장형 사고방식'을 가진 아이로 키우려면, 교실에서 '틀려도 괜찮아'라는 실패에 대한 생각 회로를 바꿔줄 수 있어야 합니다.

아홉
수업 중 과제를 시시하게 여길 때
▶ 플러스 원을 추구한다

공부를 잘하는 A는 모든 수업 시간에 과제를 빨리 끝내는 아이다. 항상 먼저 다 해버리기 때문에 할 게 없어서 심심해한다. 그래서 A를 위해 국어 시간에는 한자 프린트를, 수학 시간에는 연습문제를 더 준비해 놓지만 그 역시 같은 반 대부분의 친구보다 훨씬 빨리 빛의 속도로 끝내버린다. A의 남는 시간 관리에 최선을 다하는 사이 어느덧 다른 아이들 지도를 소홀히 하게 되었다.

왜? 어째서?

먼저 '재미없다'라는 표현은 상당히 여유가 있으면서, 과제에 가치를 느끼지 않는 상태라고 할 수 있다. 원인은 크게 두 가지로 나눌 수 있다. 한 가지는 과제가 너무 간단한 경우, 다른 한 가지는 반대로 과제가 너무 어려운 경우다. 일반적인 수업에서는 과제 난이도를 대부분의 아이에게 알맞은 중간 난이도로 설정한다. 하지만 재미없다는 아이들에게는 어떻게 대처해야 할까, 과제를 어려워하는 아이들의 솔직한 심정은 '잘 모르겠다'이다. 확실히 알고 넘어가도록 친절히 가르쳐 줄 필요가 있다. 반대로, 앞선 사례에 등장한 A와 같은 아이는 과제가 너무 쉬워서 시간적인 여유가 넘치는 것이다.

아이들에게 한 가지 과제를 주면 당연히 해결하는 시간에 차이가 난다. 과제를 아주 빨리 해결하는 아이에게 비슷한 과제를 연달아 주는 것은 밑 빠진 독에 물 붓기와 같다. 시간을 조정하는 효과는 거의 없다. 접근 방식을 달리해야 한다.

여기서 반격!

이런 경우는 여유를 보이면서 다음과 같은 농담으로 반격한다.

반격의 한마디

"재미없으면 좀 더 채워봐!"

할 수 있는 것을 자꾸자꾸 발견해서 해 나가도록 독려한다. 심화 문제처럼 더욱 어려운 과제를 줄 수도 있지만, 긴 안목으로 보면 할 일을 스스로 찾아내는 능력을 길러주는 편이 두고두고 도움이 된다. 그러므로 문제를 풀고 바로 끝이 아니라, 친구를 도와준다거나 생각한 것을 글로 써 본다거나 하는 '플러스 원' 활동에 임하도록 하는 습관을 들인다. 비는 시간을 없애는 것이다.

예를 들어 시험에서도 시간차가 난다. 시험을 빨리 끝낸 경우의 '플러스 원'으로는, 문제를 해결한 방법이나 자신의 생각을 시험지의 여백에 글씨나 그림으로 채워 넣도록 하는 규칙을 세워

둔다. 실제로 이렇게 무엇인가를 더 써 넣은 경우, 평가를 할 때 '100점+참 잘했습니다 도장 또는 코멘트'처럼 '플러스 원'으로 줄 수 있는 보상이 필요하다.

그때그때 추가 과제를 준비하는 임시방편이 아니라, 범용성이 크고 폭넓게 적용할 수 있는 틀을 늘 준비해 두자.

성공의 비결

- 어느 교과에서나 공통적으로 시간을 조정할 수 있는 시스템 또는 습관을 만들어 둔다.
- 시간적 여유가 있을 때는 항상 '플러스 원'을 하도록 한다.

열

수업을 너무 지겨워할 때

▶ 입장을 바꿔서 생각한다

어느 국어 수업 시간. 이야기를 읽고, 학습 목표를 확인하고, 주인공의 생각과 느낌을 확인하고, 공책에 쓰고, 발표하고, 정리했다. 계획대로 무난히 진행된 수업이라고 생각했지만 수업이 끝난 뒤 아이들이 남긴 한마디는 "선생님, 저 국어 수업 싫어요. 재미없어요."였다. 그 후에도 수업 자체는 문제없이 진행되었지만 그 말은 쭉 마음에 남아 있었다. 수업하는 자기 자신조차 재미있다는 생각이 들지 않은 채 단원 학습이 끝나고 말았다.

왜? 어째서?

선생님이 얼마나 그 수업을 재미있다고 생각하는지가 문제다. 교 사용 지도서에 수록된 지도 예시와 똑같은 수업에 과연 얼마나 열정을 불어넣을 수 있을까. 아이들에게는 열정이 전염된다. 아이들이 수업을 재미없게 여긴다면, 선생님부터 그 수업을 재미없다고 여기고 있지는 않은지 먼저 의심해 보자.

또 하나는 거꾸로 선생님의 생각만 앞서는 수업이다. 철저한 준비와 넘치는 의욕에도 불구하고 아이들이 따라오지 않는 경우다. 내용이 너무 어렵거나 또는 너무 깊게 파고 들어갔기 때문일 수도 있다(수업 연구회에서는 흔히 보이는 풍경이다). 어떻게든 선생님이 준비한 다양한 것들을 전부 보여 주고 싶다는 마음이 앞서서 아이들의 실태는 보이지 않는다. 결과적으로, 계획대로 진행되었음에도 불구하고 재미없는 수업이 되어버리는 것이다.

여기서 반격!

선생님이 솔선수범하여 수업을 즐긴다. 이는 반격이라기보다는, 수업에 위화감을 느꼈을 때 자기 자신에게 던지는 질문이다.

반격의 한마디

"내가 학생이라면, 듣고 싶은 수업인가?"

물론 즐거운 수업을 하려는 노력이 먼저 전제되어야 한다(지도서 그대로 수업하고 있다면 '아니오'라고 답해야 할 것이다).

주의해야 할 점은 '즐거운 수업을 하고 싶다 ≠ 즐거운 수업'이라는 것이다. 즉 노력의 방향이 잘못되었다. 아이와 선생님이 생각하는 방향을 일치시켜야 한다고도 표현할 수 있다.

예를 들어 아이는 국어 교과서에 수록된 이야기를 읽고, 이 저자의 다른 작품을 더 읽고 싶다고 생각할지도 모른다. 또는 수업에서 교사가 정리해 준 내용이 이해가 되지 않을 수도 있다. 친구와 의견 교환을 더 하고 싶거나 주인공의 말과 행동에 의문을 가지기도 한다.

    아이들의 이러한 학습 요구를 파악하여, 교사가 설정한 학습 목표에 확실히 도달하도록 수업을 구성한다. 자신이 수업을 받는다고 생각했을 때 재미있게 느껴지지 않는다면, 재미있는 수업이 되기는 어려울 것이다.

성공의 비결

- 먼저 교사 스스로 즐거운 수업을 만들려고 노력한다.
- 교사와 아이의 생각의 차이를 파악하고 수정한다.

허쌤의 교실 이야기

밥 파이크의 창의적 교수법 제3 법칙은 '학습은 재미와 직접적으로 비례한다.'입니다. 그리고 학습의 즐거움은 '참여'에서 옵니다. '즐거운 수업'은 '참여' 없이는 어렵습니다. 학생들의 열정과 참여를 이용해 아이들 스스로 개인적인 학습활동에 빠져들게 함으로써 TV 예능 프로그램에서 얻을 수 있는 즐거움을 학습에서도 얻게 도울 수 있습니다. 아이들이 수업의 구경꾼이 아니라 주인공이 될 수 있도록 수업 시간의 배분이 필요합니다. 밥 파이크는 90/20/8의 법칙을 통해 전체 교육 시간을 90분으로 하고, 20분 분량으로 정보를 나누어 제공하며 8분마다 참여시키라고 제안합니다. 45분 중등, 40분 초등의 경우로 환산해 봐도 10분씩 다른 활동을 준비하고, 4분마다 학생들이 수업에 참여해 스스로 학습활동에 빠져들게 도와야겠습니다.

말하기가 중요할까, 듣기가 중요할까?[1]

최근 몇 년간 일본 교육 현장의 중점 과제는 커뮤니케이션 능력의 육성이다. 이는 학습지도요령[2]에서도 중요하게 다뤄지며, 국어과의 'A. 말하기·듣기'처럼 각 영역의 가장 앞부분에 위치한 것도 명백한 사실이다.

그런데 말하기와 듣기 중 무엇이 더 중요할까. 표기된 순서를 보면 말하기가 앞에 위치한다. 표기 순서에는 근거가 있으므로, 역시 말하기를 더 중시하는 듯하다(이를테면 기업이 합병할 때 둘 중 어느 회사 이름이 앞에 오는가 하는 것은 중요한 포인트다).

학교나 사회에서의 일반적인 생각은 어떨까. 학교는 '발표력이 부족하다', '표현력을 기르자' 등 역시 말하기를 중시한다. 다른 나라에서는 일본인을 가리켜 자기주장이 부족하다고 비판한다. 확실히 외교 등의 측면에서는 자기주장이 생명이며, 소극적인 태도는 곤란하다.

그러나 이 논리는 각 교실에서도 통할까. 나는 여러 교육실천가 선생님들의 의견을 접할 기회가 있었는데, 그들은 공통적으로 '듣기가 우선'이라고 주장했다. 어떤 선생님은 '입이 두개고

---

1 일본 교육 현장의 실태와 고민이 드러난 칼럼으로, 한국의 교육 현실과는 다른 부분이 있습니다.
2 학습지도요령: 일본의 국가수준 교육과정.

귀가 하나'인 교육을 '괴물 교육'이라고 비꼬기까지 했다. 또 어떤 선생님은 새학기를 시작할 때 듣기 교육을 가장 먼저 실시해야 한다고 주장했다.

30쪽에도 썼듯이, '들을 청(聽)'은 '귀(耳)', '눈(目)', '마음(心)'이 합쳐진 글자이다. 상대에게 온 관심을 쏟는 상태이다. 즉, 상대를 수용하는 태도를 취하는 상태이다. 작금의 여러 문제는 이 '듣기'와 '수용'의 불가능으로 인해 일어나고 있다고 생각되지 않는가.

듣기 능력 어떻게 기를 것인가, 이제부터 고민해 보아야 할 문제이다.

4장:

단결력의 척도가 된다!
행사 지도에 효과적인
반격의 기술

학교에는 다양한 행사가 있다. 장기적인 계획을 세워 접근해야 하는 행사도 있고, 추진 도중 행사의 의의가 사라져 버리는 행사도 있다. 원래 의도대로라면 학급 구성원들이 더욱 끈끈해졌어야 하지만, 중간에 해이해지거나 혼란이 생겨서 모처럼 행사를 하는 의의가 퇴색되기도 한다.

이 장에서는 행사에서 맞닥뜨리는 여러 가지 '곤란한' 상황을 타파하면서, 행사 자체를 살릴 수 있는 반격을 소개한다.

하나
연습을 열심히 하지 않을 때

▶ 원래의 목적과 목표를 되새긴다

교내 구기대회를 앞둔 6학년 어느 학급. 우승을 목표로 매일 쉬는 시간마다 반에서 연습을 하기로 했다. 처음에는 문제가 없었지만 시간이 지날수록 연습에 참가하는 아이들이 점점 줄어드는 바람에 열심히 하는 몇몇 아이들만 연습에 나오는 꼴이 되었다. "얘들아, 연습해야지?" 담임이 끼어들어 독려해 보아도 아이들은 미적거리며 좀처럼 움직이려 하지 않았다. "할 생각은 있는 거니?" 화를 내고 성화를 부리자 마지못해 연습에 나오지만 이번에는 성실하게 하지 않는다. 얼마 지나지 않아 열심히 하는 아이와 그렇지 않은 사이에 감정의 골이 생겨, 반 분위기는 물론이고 담임과의 관계도 악화되었다.

왜? 어째서?

연습에 성실하게 참여하지 않는 문제는 연습 기간이 장기화될 때 반드시 일어날 수 있는 일이다. 처음에는 의욕적으로 열심히 하던 아이들이 점점 불성실해진다.

원인 중 하나는 계속 똑같은 것을 반복하는 와중에 목적을 잃어버리기 때문이다. 열심히 연습하는 것 자체를 목적으로 여기고 귀찮게 생각한다. 운동회 공연 종목을 지도하는 경우에도 이와 같은 사태가 발생할 수 있다. 의미 없는 반복은 의욕을 앗아간다. 이 사례에서는 쉬는 시간에 한다고는 하지만 전체 아이들과 합의가 잘 이루어지지 않았다. 따라서 분쟁의 소지는 여전히 남아 있다. 사전 지도가 누락된 것이다.

여기서 반격!

목적을 잃고 방황하고 있다면 언제든지 목적을 되새겨 주어야 한다. 다음과 같이 반격한다.

반격의 한마디

"무엇을 위해 하는 거니?"

사전에 목표를 어떻게 설정했는지가 중요하다. 구기대회의 연습에 앞서, 어떤 목표를 세워서 어떻게 연습할 것인지 반 아이들끼리 함께 생각해 보는 시간이 필요하다.

예를 들어 목표는 있지만 연습이 전혀 안 되는 경우를 상정해 보자. 이때 만약 목표를 정한 사람이 교사라면 아이들은 '선생님이 마음대로 정했어. 우리 얘기는 듣지도 않고'라고 생각한다.

그러나 아이들이 자발적으로 목표를 정했다면 '우리들의 약속이니까 열심히 해야지'라고 생각하게 된다.

둘의 차이는 하늘과 땅이다. 아이들끼리 목표를 정한 경우에는 선생님의 지도가 큰 효과를 발휘한다. 그러므로 목표는 반드시 정식 학급회의를 열어 아이들이 스스로 정하게 해야 한다.

또한 아이들이 정한 목표가 있으면 '무엇을 위해(=목적)'가 뚜렷해지기 마련이다. 예를 들어 학급의 결속력을 강화하려는 목적으로, 전교 우승을 노린다고 해 보자. 그러면 모두의 힘을 합쳐야만 의미가 있다는 사실을 깨닫게 된다. 가장 중요한 것은 연습을 성실하게 해야 하는 이유를 찾는 것이다.

성공의 비결

- 의견을 나누고 목표를 확실히 설정하도록 한다.
- 지도자는 아이들에게 무엇을 위한 행사인지를 생각하게 해야 한다는 점을 명심한다.

무엇보다 '운동회'나 '학예회' 등의 행사가 무엇을 위한 행사이고, 누구를 위한 행사인지를 잊지 말아야 합니다. 해치우기 위한 행사가 되는 경우, 종종 주인공인 학생들은 행사에 동원된 객체가 되어 서로 지치기 쉽습니다. '운동회'를 할 때도 더 많은 아이가 주인공이 될 수 있도록 어떻게 운영할 것인가? 그리고 '종목'은 어떤 종목으로 정할 때 모두가 즐겁게 참여할 것인가? 고민해야 합니다.

십몇 년 전에 운동회 종목을 관리자가 일방적으로 '차전놀이'를 하도록 지시한 적이 있습니다. 이유는 단 하나, 그날 오시는 학부모님들과 지역 유지들이 보기에 화려하고 멋있어 보인다는 것입니다. 생각보다 차전놀이의 동채는 엄청난 무게였고, 많은 아이가 1학기 전교 어린이회장과 2학기 전교어린이회장의 들러리가 되어 승패도 불분명한 놀이를 하느라 고생해야 했습니다. 학예회를 할 때에도 교사는 아이들을 믿어주어야 합니다. 교사가 쉽게 지도하고 싶은 종목이 있다손 치더라도 아이들과 학급회의를 통해 직접 공연 종목을 뽑고, 이때 모든 아이가 무대에 설 수 있도록 원칙을 세워야 합니다. 보는 사람은 조금 부족하게 보일지라도, 무대에 선 아이들이 그 땀의 의미를 알고 있기 때문입니다. 2018년 학예회는 원하지 않게 아이들이 '연극'을 하고 싶다고 결정을 했습니다. 한 번도 지도해본 적 없는데 어떻게 하지? 고민하는 상황에 장인어른이 돌아가시면서 상으로 2주간 학교에 오지 못했습니다. 그런데 아이들끼리 팀을 짜서 극본도 인터넷으로 구해 대본 팀이 수정하여 완성하였고, 자기들끼리 배역까지 모두 무대에 오를 수 있도록 준비해 감동받았습니다. 믿어줄 때 아이들은 더욱 자신의 능력을 제대로 펼쳐가는구나! 스스로 배운 시간이었습니다.

둘
공개수업에서 긴장이 될 때
▶ 유머로 긴장을 푼다

3월, 새로운 학급에서 첫 공개수업을 하는 날이다. 2학년 담임인 A 선생님은 학부모와 처음으로 대면한다는 생각에 꽤 긴장한 모습이다. 아이들에게 "얘들아, 힘내자!"라는 한마디를 던지면서도 어깨에 묘하게 힘이 들어간 듯하다. 아이들도 엄마 아빠가 보러 오니까 잘해야 한다는 생각이 드는지 평소와는 사뭇 다른 분위기다. 수업을 들으면서도 긴장이 풀리지 않는 듯, 평소에는 활발하던 아이들이 아는 질문에도 좀처럼 손을 들지 못한다. 어찌어찌 수업은 끝났지만, 이어서 진행된 학부모 총회에서도 엄마들이 "선생님, 괜찮으세요?" 하고 걱정하기까지 했다.

왜? 어째서?

이 사례에서는 누구보다도 담임이 지나치게 학부모를 의식하고 있다. '거울의 법칙'에 의하면, 선생님이 긴장하면 아이도 긴장하게 된다. 이런 상황에서 특별히 힘내라고 말하거나, 반대로 긴장하지 말라고 하는 것은 둘 다 역효과다. 그런 말은 '아, 역시 선생님도 긴장했구나. 오늘은 특별한 날이야'라고 인식시키기 때문에 쓸데없이 더 긴장하게 만든다. 결과적으로 수업 분위기가 더 어색해진다. 이는 수업연구회 등에서도 마찬가지다. 긴장을 하는 근본적인 원인은 남들에게 잘 보이고 싶기 때문이다. 즉 허세, 체면 때문인데 이는 수업에 필요 없는 것이다. 자기 자신을 있는 그대로 보여주겠다는 생각의 전환이 필요하다.

여기서 반격!

여유를 보여줘야 한다. 스스로 긴장하고 있다고 느낄수록 유머로 분위기를 부드럽게 풀고 여유를 만든다. 긴장감에는 다음과 같이 반격한다.

반격의 한마디

"역시 우리 반 친구들의 평소 모습 그대로네요."

무슨 말이든 상관없다. 어떻게든 평소와는 다른, 딱딱하고 경직된 분위기를 일부러 웃기게 표현해서 웃음을 유도한다. 다른 방법도 있다. 표정이 미묘하게 굳어 있다면 "오늘은 기다리고 기다리던 웃음 참기 대회 날이구나?"라든지, "오늘 무슨 안 좋은 일 있나요?" 등 '그럴 리 없잖아!'라고 생각될 만한 뻔한 농담을 시전해 보자(단, 농담에 웃지 않을 수도 있으므로 어떤 말을 선택할지는 신중하게 고려해야 한다).

게임으로 동기를 유발하거나, 처음부터 활동으로 시작하면서 긴장감을 풀어줄 수도 있다. 국어 수업인 경우에는 스무고개 놀이나 속담 카드놀이, 수학 수업인 경우 숫자 카드를 보여주며 계산을 하게 하거나 전시 복습 문제를 판서하여 풀게 한다. 사회과 수업이라면 지명 카드나 역사 인물 카드를 보여주고, 과학이라면 과학 용어 빙고로 도입하는 등이다. 활동에 집중하게 되면 불필요한 긴장은 단숨에 날아간다.

학급 아이들의 특성에 맞춰 긴장을 효과적으로 해소해 보자.

성공의 비결

- 긴장한 모습을 지적하거나 긴장하지 말라고 직접 말하지 않는다.
- 여유로운 모습으로 농담을 던지며 긴장을 풀어나간다.

허쌤의 교실 이야기

공개수업을 앞두면, 생각보다 긴장감에 "너무 떨려요."라고 이야기하는 아이들이 많습니다. 저 같은 경우는 아이들이 모두 빵 터지는 율동을 2개 준비해 비장의 무기처럼 활용하고 있습니다. 하나는 〈퐁당퐁당〉 노래에 맞추어 재미있게 율동을 하는 방법, 또 하나는 〈깊은 산 연못 속에 개구리〉라는 노래가 점점 늘어남에 따라 율동도 늘어나며 정신없게 웃도록 해 줍니다. 유튜브가 발전함에 따라 조금의 발품만 팔면, 아이들과 즐겁게 할 수 있는 율동이 많이 있습니다. 선생님이 자신 없다면, 틀어주고 함께 따라하게 해도 충분히 즐거울 것입니다.

셋
운동회 연습 중에 단합이 잘 되지 않을 때
▶ 아이들에게 선택지를 준다

6월에는 운동회가 열린다. 5학년은 학년 단체 경기로 '지네 경주'[1]를 하게 되었다. 그런데 1조는 담임 선생님이 아무리 연습하라고 해도 장난만 칠 뿐 전혀 실력이 나아질 기미가 없었다. 그러던 중 한 개구쟁이 아이가 발을 제대로 묶지 않은 탓에 열심히 하는 아이가 넘어져 상처를 입었다. 개구쟁이는 꾸중을 듣고 한껏 입을 삐죽대더니, 몇몇 아이들과 작당을 하여 더 이상 안 하겠다고 하는 것이다. 장난만 일삼는 태도는 전혀 개선되지 않고, 운동회 당일 경기에서도 실패하고, 진 것보다 열심히 하지 않는 모습에 다른 아이들이 화가 나는 등, 이보다 더 최악일 수는 없는 운동회가 되고 말았다.

왜? 어째서?

운동회처럼 큰 행사를 치러보면 그 반이 어떤 상태인지 아주 잘 보인다. 이 사례에서 간과하고 있는 점은 바로 운동회의 근본적인

---

1 지네 경주: 여러 명이 두 줄로 서서 발목을 줄로 묶고 달리는 경주.

부분이다. 운동회는 무엇을 위해, 누구를 위해 하는 행사일까. 누가 시켜서 연습하는 아이들에게 의욕이 있을 리가 없다. 저학년은 어느 정도 따라올지 몰라도 고학년은 어림없다. 장난치는 사람이 득을 보고 성실한 사람이 손해를 보는 구조가 생겨나고 있다. 특히 운동회의 학년 단체 경기처럼 모두가 힘을 합쳐야 하는 경우에는 이 구조를 깨지 않으면 학급경영에 처참히 실패하게 된다. 자발적으로 연습을 열심히 하려는 의지를 가지고, 모두 함께 협동하여 최선을 다하는 의의를 맛보도록 해야 한다.

여기서 반격!

미래 자신의 모습을 스스로 선택하게 한다. 장난을 치는 아이들에게 이렇게 말해 보자.

반격의 한마디

"최선을 다한 운동회와 대충 때운 운동회 중 뭘 선택할래?"

열심히 하라는 말은 일단 하지 않는다. 이 상태가 지속되면 누구를 위해 하는 행사인지 잊어버리게 된다. 모든 공부는 어디까지나 자기 자신을 위한 것이다. 친구들을 위해 최선을 다한 결과는 자신에게 다시 돌아온다. 즉, 누구를 위한 일인가를 재확인하는 것이다. 운동회를 적당히 때우고 넘길 수도 있다. 그러나 그 후에 자신에게 무엇이 남는가 하는 문제를 따져보자. 답은 아이들이 스스로 선택하게 한다. 논의가 진지하게 이루어진다면 틀림없이 '대충 해서 지고 싶지는 않다'라는 결론이 나오게 되어 있다. 이때 나는 이 말을 덧붙인다. "오직 승리만이 가치 있다." 즉, 처음부터 질 생각으로 임한다면 경기에 참여하는 의미가 없다는 이야기다(절대 승리지상주의가 아니라, 과정을 중시한다는 의미다).

최선을 다한다면 승패와 상관없이 뭔가 후련한 기분이 남을 것이다. 반대의 경우도 물론 존재하며, 적당히 때워서 얻은 결과에는 찜찜함이 남을 것이다. 아이들에게 질문을 던져 상상력을 자극해 보자.

성공의 비결

- '우리들의 미래는 선택할 수 있다'는 사실을 알려준다.
- 승리에 이르는 과정이 가치 있다는 사실을 모든 아이에게 이해시킨다.

넷
기록이 늘지 않아 고민스러울 때

▶ 보이지 않는 성장을 깨닫게 하여 희망을 준다

매년 개최되는 시 육상대회. 관내의 많은 학교가 참가하며, 수없이 연습한 선수들이 출전한다. 6학년 A는 100m 달리기 선수 후보로서 훈련에 박차를 가하고 있지만, 첫 기록을 세운 이래 무슨 수를 써도 전혀 기록이 단축되지 않는다. 이런저런 연습 방법을 궁리해 보거나 자세를 바꿔보아도 소용이 없었다. 아무리 성실히 연습해도 기록이 좋아지지 않자 A는 선생님을 찾아가 상담을 했다. "선생님, 연습의 의미가 정말 있는 걸까요?" 기록이 눈에 띄게 변화하지 않았으므로 선생님은 그저 "음 ~ 열심히 한 데 의미가 있지 않을까?" 하고 대답할 뿐이었다. A는 받아들이기 힘든 눈치였다.

왜? 어째서?

꾸준히 노력하는데도 실력이 향상되지 않는다면 연습하는 시간이 괴롭기 마련이다. 처음부터 어느 정도 기록이 좋게 나온 경우에는 오히려 지도받을 부분이 없어서 향상에 시간이 걸리기도 한다. 기록이 늘지 않는 시기도 당연히 있을 수 있다는 마인드를 가져야 한다. 마냥 좋아지기만 하지는 않는다는 생각을 가진다면 조언도 달라진다.

또, 잘되지 않는다고 해서 무작정 자세를 교정하는 것은 지양해야 한다. 국가 대표급 선수를 보더라도 각자 그 나름대로의 독자적인 자세로 달린다. 사람마다 신체 구조에 적합한 자세가 다르기 때문에, 달리기 자세에는 자주 손대지 않는 것이 원칙이다(단, 지도 결과 자세가 바뀔 가능성은 있다).

여기서 반격!

노력을 하는데도 전혀 늘지 않는다고 고민하는 경우에는 다음과 같이 반격한다.

반격의 한마디

"노력이 점점 채워지고 있구나!"

이 말과 함께 다음과 같은 〈노력의 단지〉 이야기를 해 준다.

"커다란 단지에 물을 채웁니다. 단지 안에 얼마나 물이 들어있는지는 밖에서 볼 수 없습니다. 그러나 물을 부을 때마다 확실히 안에 채워지고 있습니다. 단지에 든 물의 양을 언제 알 수 있는가 하면, 단지에서 물이 넘쳐흐를 때입니다. 육상 기록의 경우라면, 이 물이 넘쳐흐를 때가 기록이 쑥 향상될 때일 것입니다"

오른쪽 그래프를 살펴보자. '고원 현상(Plateau effect)'을 보여주는 그래프다. 가로축이 시간의 흐름, 세로축이 성장을 나타낸다. 고원이란 성장이 정체된 상태(고원상태)를 가리키는데, 이 시기를 버텨내면 한순간에 훌쩍 도약한다. 이런 패턴이 반복된다. 이러한 사실을 아느냐 모르느냐에 따라 노력을 지속하는 동기가 달라진다.

　이야기와 시각 자료를 함께 제시하면서, 의미 없는 노력이 아니라 앞으로 확실히 나아가는 과정이라는 점을 깨닫고 편안한 마음을 가지도록 도와준다.

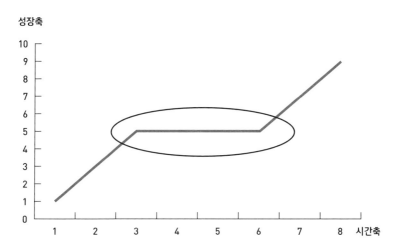

성공의 비결

- 눈에 보이지 않는 노력의 성과가 존재한다는 것을 보여준다.
- 지도자는 포기하지 않는다. 계속 믿어주고, 격려해 준다.

허쌤의 교실 이야기

요즘엔 잘 포장된 콩나물이 오래된 기억을 대신하고 있습니다만, 콩나물시루에 부어지는 물처럼 아이들의 노력은 조금씩 조금씩 콩나물들을 무럭무럭 자라게 합니다. '노력의 단지'와 함께 내가 흘린 땀이 효과가 있을까? 의심될 때에는 '콩나물시루'를 떠올리도록 아이들에게 이야기해 줍니다.

'모소 대나무'는 심은 지 4년이 지나도 불과 3센티미터 정도밖에 자라지 못하지만, 5년째 되는 날부터는 하루에 무려 30센티미터가 넘게 자라기 시작해 단 6주 만에 1미터 이상 자라게 되고, 그 자리는 순식간에 빽빽하고 울창한 대나무 숲을 이루게 된다고 합니다. 4년 동안 단 3센티미터의 성장에 불과했던 모소 대나무는 5년 후부터 그야말로 폭발적인 성장을 하게 되는 것입니다. 단 6주 만에 놀라운 일이 벌어진 것 같지만, 그 전 4년 동안 모소 대나무는 땅속에 수백 제곱미터에 이르는 뿌리를 뻗치고 있었던 것입니다. 많은 사람은 쉽게 포기를 합니다. 하지만 성공한 사람들의 공통점은 중도에 포기하지 않는다는 것입니다. 할 수 없어 포기하는 것이 아니라 포기하기 때문에 할 수 없는 것입니다.

다섯
단체 경기에서 친구의 탓만 할 때
▶ 자신이 할 수 있는 일을 생각해 보도록 한다

교내 긴 줄넘기 대회의 8자 마라톤 경기에 참여하기로 한 5학년 1반 아이들은 함께 열심히 연습하기로 했다. 그런데 막상 연습을 시작하자 항상 같은 부분에서 걸리곤 했다. 살펴보니 운동을 잘 못하는 A, B, C가 있는 쪽이었다. "제대로 좀 뛰어!" 목소리 큰 아이들이 한마디한다. 본인들은 나름대로 노력해 보지만 전혀 나아질 기미가 없다. 아무리 연습해도 기록이 좋아지지 않자 아이들은 조금씩 다른 생각을 하기 시작했다. 'A같은 애들이 없어야 이기는데…….' 그러던 어느 날 A는 학교에 오지 않았다. 가정방문을 해 보니, "8자 줄넘기 연습하기 싫어요. 학교에 안 가고 싶어요."라는 말을 하는 것이다.

왜? 어째서?

단체경기에 임하는 자세부터 바람직하지 않다. 긴 줄넘기처럼 모두 협동하여 기록을 단축시키는 단체경기에서는, 팀에서 가장 못하는 구성원을 어떻게 돕는지에 따라 승패가 좌우된다. 적당히 구성된 집단 내에서는 당연히 실력의 차이가 생길 수밖에 없다. '쟤 때문에' 못한다는 발상을 한다면, 항상 누군가 가장 못하는 사람 역할을 맡아야 하는 것이다. 여기서 생각해야 할 점은, 등산에 비유하자면 가장 느리게 올라가는 친구를 배려하는 방법이다. 그 친구를 위해 나는 무엇을 할 수 있을까. 짐을 들어줄 수도 있고, 뒤에서 도와줄 수도 있다. 특히 주변을 돌아볼 여유가 있을 만큼 뛰어난 실력을 가진 사람이 친구에게 어떤 도움을 줄 것인지가 관건이다.

여기서 반격!

조금이라도 못하는 사람을 질책하는 분위기가 형성되면 이렇게 반격한다.

반격의 한마디

"나는 친구들을 위해 어떤 도움을 주었나?"

'한 사람은 모두를 위해, 모두는 한 사람을 위해'의 정신이다. 잘하는 사람이 못하는 사람을 기본적으로 지원해 주어야 한다. 줄에 매번 걸리는 것이 순전히 A의 잘못이라고는 할 수 없다. 실은 A 앞에 선 D가 줄에 늦게 들어가서 A의 시간을 뺏었기 때문일지도 모른다. D가 느린 원인도 그 전 멤버 때문일 수도 있다. 더 깊이 들어가 보면, 전체 아이들이 줄 서는 방법에 문제가 있을 수도 있다. 줄을 돌리는 방법도 더 연구해 볼 수 있다.

이렇게 생각하면 모든 사람이 어떻게든 자신의 고칠 점을 찾을 수 있다. 아무리 잘하는 멤버라도 거기서 멈추지 않고 더 성장할 수 있는 법이다. 계속 연구하다 보면 A가 걸리지 않고 잘 뛸 수 있게 된다. 그러면 또 다른 아이가 다른 수준의 난관에 부닥친다. 그 자리에서 '내가 할 수 있는 것'을 또 연구한다. 이러한 활동을 통해 서로 협동하여 문제를 해결해 나가는 학급이 되는 것이다. 긴 줄넘기 등 단체경기는 이를 배우는 데 훌륭한 계기가 된다.

성공의 비결

- '한 사람은 모두를 위해, 모두는 한 사람을 위해'의 정신이 기본이다.
- 실패의 모든 원인은 자신에게 있다고 생각하면서 스스로 할 수 있는 일을 찾아본다.

허쌤의 교실 이야기

작년 우리 학교 6학년들이 가장 재미있게 즐겼던 운동은 '짐볼 보호막 피구'입니다. 일반 피구공 대신 짐볼로 하기 때문에 쉽게 던지기도 어렵고, 피하기도 쉽지 않습니다. 게다가 남자는 남자만, 여자는 여자만 맞출 수 있기 때문에 서로가 서로를 배려해 주어야 합니다. 6학년 5개 반 중에서 1위를 한 반의 비결을 묻고 싶어 체육 선생님께 그 반이 잘하는 이유를 여쭈고 뜻밖의 대답을 들었습니다.

"4반이 사실 운동 능력은 가장 부족한 반이에요." 그런데 어떻게 일등을 계속할까 궁금해 하니 선생님이 말을 이었습니다.

"그런데 4반은 특이한 점이 있어요. 반 아이가 실수를 하면 세 명이 뛰어와요."

"한 명은 괜찮아, 일부러 그런 게 아니잖아, 다른 한 명은 다음에 잘하면 돼! 또 다른 아이는 파이팅 외치는 거예요."

학급의 공동체 문화는 결국 실수나 실패를 하지 않는 게 아니라 실수했을 때 반 아이들이 어떻게 실수한 아이를 격려하는지에 달려 있습니다. 그래서 선생님도 아이들이 실수했을 때 실수한 아이를 비난하지 않고 격려하는 아이들이 있는지 눈여겨 관찰하고 그런 아이의 태도를 모두의 앞에서 칭찬하는 과정 속에서 교실 속에 공동체적인 학급문화가 만들어지기 시작한다고 믿습니다.

여섯
졸업식 송별회를 형식적으로 할 때

▶ 미래 자신의 모습을 상상해 보고 '내 일'로 여기도록 한다

매년 2월에는 6학년 송별회가 열린다. 예비 최고 학년인 5학년 아이들은 실행위원으로서 중심적인 역할을 맡아 송별회를 준비하게 되었다. 그러나 몇몇을 뺀 대부분의 아이는 제대로 해보려는 마음가짐이 보이지 않아 걱정스럽다. 선생님 말씀에 잘 따르고 정해진 사항에 순종하지만, 자율적으로 나서지 못하는 아이들이다. 회의에서도 작년 계획을 답습할 뿐, 창의성도 새로운 아이디어도 보이지 않았다. 성실하게 연습을 하고는 있지만, 결정적으로 열정이 부족해 보였다. 성장하는 모습이 시선을 사로잡는 송별회와는 거리가 멀었다.

왜? 어째서?

이 사례에서는 5학년 아이들의 당사자 의식이 부족하다. 학교 행사니까, 담당이 되었으니까 어쩔 수 없이 한다는 식으로 반쯤 당번활동인 양 참여하고 있다. 최고의 송별회를 만들어 보고자 하는 사명감도 없고 아이디어도 없다. 송별회 준비는 최고 학년으로 올라가기 위한 준비이자 연습을 하는 기간이며, 나아가 내년에 자신

들이 받게 될 송별회의 기준이 될 수도 있다는 자각이 없다. 이런 태도를 바꾸지 않으면 의욕 없이 이것저것 지시만 받다 끝날 뿐, 자존감도 길러지지 않는다.

여기서 반격!

5학년 전체 아이들이 모인 자리에서 송별회 준비의 가장 첫 단계를 알려준다.

반격의 한마디

"너희들이 내년에 받고 싶은 송별회를 만들어 보렴."

송별회 준비를 남 일 보듯 하는 아이들에게 당사자 의식을 심어 준다.

자신들이 만든 수준이 내년 6학년 송별회의 기준이 된다는 점을 상기시킨다. 아이들은 의외로 내년에 자기들도 송별회의 주인공이 된다는 사실을 실감하지 못한다.

그러면 '이렇게 했으면 좋겠다', '송별회에서 이걸 해 주면 정말 기분 좋을 것 같다', '이런 마음으로 했으면 좋겠다' 하는 점들을 생각하게 된다. 다른 사람이 뭘 좋아할지 생각해 내려면 가장 먼저 입장을 바꿔 생각해 보아야 한다. 이렇게 하면 개회식에서 신나는 댄스를 발표했으면 좋겠다, 송별회 도중에 6학년에 대한 연극을 공연하면 추억을 돌아보며 미소 지을 듯하다, 사진이나 영상을 틀어서 학교에서 있었던 추억을 되돌아보게 하자, 폐회식에서는 촛불의식 같은 이벤트로 아름답고 엄숙한 분위기를 만들고 싶다, 등등 굉장히 다양한 아이디어가 쏟아져 나온다.

그 와중에 아이들끼리는 실현 불가능한 아이디어가 나오기도 하는데, 바로 이 순간이 지도자가 나설 타이밍이다. 처음에는 도와주되 점점 손을 떼면서 아이들이 스스로 할 수 있도록 해 준다. 아이들과 함께 최고의 송별회를 만들어보자.

성공의 비결

- 내년에는 송별회를 받는 입장이 된다는 전제를 상기시킨다.
- 즐거운 송별회를 만들기 위해 자신이 받고 싶은 송별회를 상상하게 한다.
- 아이들에게 단계적으로 조금씩 위임해 간다.

일곱
오래달리기에서 항상 꼴찌로 들어오는 아이에게는
▶ 가치를 매기는 관점을 바꾼다

A는 흔히 말하는 비만 아동으로 오래달리기를 매우 힘들어한다. 10월부터 시작한 오래달리기 연습에서는 항상 결승점에 꼴찌로 들어온다. 그럴 때마다 이제는 정말 더 이상 하고 싶지 않다고 하소연하지만 담임은 항상 조금만 더 힘내보라는 말뿐이다. 그러던 어느 날, A의 감정이 폭발했다. "엄청나게 노력하는데 또 꼴찌라고요!" 그날 이후 A는 다리가 아프다면서 오래달리기 연습에 참여하지 않았다.

왜? 어째서?

오래달리기에서 항상 꼴찌를 도맡아 하는 아이는 대부분 무엇인가를 힘들어한다. 체중이 지나치게 많이 나가거나 운동을 해 본적이 별로 없기 때문에, 조금 긴 거리를 달릴라치면 다리도 아프고 호흡이 가빠서 제대로 달리지 못한다. 연습에는 어찌어찌 참여하지만 학년이 올라감에 따라 몸보다 마음이 더 괴로워진다. 아이에게도 엄연히 자존심이 있다. 매번 부끄럽게 꼴찌로 들어오는데 달리기가 좋아질 턱이 없다.

이 아이를 바라보는 지도자의 관점이 중요하다. 순위는 타인과 비교하는 상대평가이므로 저조할 수밖에 없다. 그러나 본인을 내적으로 성장시키는 행위의 훌륭함을 일깨워 줄 필요가 있다.

여기서 반격!

'항상 꼴찌로 들어오니 이제 더는 하고 싶지 않다'는 말에 대해, 진심으로 훌륭하다는 칭찬을 아끼지 않는다. 다음은 반격의 말이다.

반격의 한마디

"오늘도 너 자신을 이겼구나. 그 도망치지 않는 자세가 정말 훌륭하구나."

이 말에 몸짓을 더해 진심을 전한다. 왜냐하면 너무너무 하기 싫은 오래달리기에서 오늘도 꼴찌로 들어올 수도 있지만 도망치지 않고 연습에 임했기 때문이다. 핑계를 대서 얼마든지 빠질 수 있는데도 그렇게 하지 않고 자신의 한계에 도전하는 자세는 아주 존경스럽다. 연습에 참여한 것, 최선을 다해 완주한 것만으로 충분히 가치가 있다는 말을 전한다.

이 말을 뒤집어보면, 그럭저럭 팬찮은 순위로 들어왔어도 최선을 다하지 않았다면 무가치하다는 뜻이다. 중요한 것은 자신과의 경쟁이다. 어제까지의 나를 이겼는가. 정확하게는, 나를 '극복'했는가. 자신을 넘어선 것을 '극기'라고 한다. 이 기회에 '극복'과

'극기'라는 말도 가르친다.

이러한 지도는 개인적으로만 하지 말고 전체 반 아이들 앞에서 한다. 꼴찌가 아닌 아이에게도 꼭 필요한 이야기이기 때문이다. 도망치지 않고 완주한 것에 모든 아이가 자부심을 가지도록 한다.

담임 선생님은, 참가한 아이들이 '힘들었지만 하길 잘했다'라는 말을 할 수 있게 만드는 존재다.

성공의 비결

- 경쟁 상대는 자기 자신이고, 최선을 다해 끝까지 뛰는 것이 중요하다는 점을 명심한다.
- 반 전체 아이들에게 '도전의 존엄함'의 가치를 일깨운다.

허쌤의 교실 이야기

누군가는 꼴찌를 해야만 하는 운동회에서는 이런 고민을 하게 되어 있을 수밖에 없습니다. 어렸을 때 반 대표로 나갔지만, 이어달리기 청백 계주에서 꼴찌를 했습니다. 반 아이들의 원성을 전해 들으며 비통했습니다. 왜 어른들은 운동회를 모두가 참여하고 즐길 수 있는 학창시절의 추억으로 남기지 못하게 하는지. 어른들은 잘 달리지 못하는 아이도 모두 즐겁게 참여할 수 있는 다양한 종목을 만들어 자신이 잘할 수 있는 분야를 선택하고, 참여할 수 있는 기회를 만들어 주지 않는지 말입니다. 그리고 근본적으로 1등만을 기억하는 사회의 룰을, 1등이 아니어도 행복할 권리를 사회의 룰로 만들어야 합니다.

가까이는 운동회부터 일등만을 가리는 문화로부터 모두가 참여하고 즐길 수 있도록 학교와 선생님, 아이들이 함께 고민해야겠습니다.

여덟
연극 배역에 몰입하지 못하는 아이에게는
▶ 무대 위에서는 다른 사람이 될 수 있도록 이끌어 준다

가을 연극발표회. 전교생을 대상으로 학년별 연극을 발표하는 행사로, 한창 무대 연습 중이다. 그런데 몇몇 끼 있는 아이들 말고는 아무리 연습을 거듭해도 연기가 나아지지 않는다. 대사도 국어책 읽듯이 딱딱하다. "좀 더 감정을 넣어서!" "더 큰 소리로 해야지!" 말하면 말할수록 아이들이 위축되는 탓에 향상될 기미가 보이지 않는다. 처음에는 다들 즐거워하던 연극 연습이 점점 재미없어졌다.

왜? 어째서?

아이들은 본래 다른 인격으로 변신해서 놀기를 좋아한다. 평소와 전혀 다른 인물이 되는 것이 즐거운 것이다. 유아기는 상상 속 세계에서 히어로가 되거나, 아이돌이 되거나, 하늘을 날거나 하는 상상을 하는 시기이다. 따라서 원래부터 연극을 좋아하는 아이들은 많다.

그러나 연극을 하는 도중에 지적을 받으면 갑자기 기가 죽으면서 연극을 하기 싫어지는 것이다. 노래, 춤, 연기는 긴장을 풀고 해야 향상을 기대할 수 있다. 초등학생들은 연극을 혼나면서 연습하면 잘되지 않는 경우가 많다.

또, 부끄러움이 많아서 연기를 못하는 아이도 많다. 자신이 남들에게 어떻게 보이는지 신경을 쓰는 버릇은 연극에 방해가 된다. 쓸데없는 자존심을 걷어낼 필요가 있다.

여기서 반격!

연기를 하는 자신을 지나치게 의식하기 때문에 평소의 자신, 또는 대본 속 인물과는 달리 부끄러운 것이다. 부끄러워하는 아이들에게 다음과 같이 반격한다.

반격의 한마디

"지금은 네가 아니라 OO이 되어 봐!"

여기 있는 것은 내가 아니라 배우나 아이돌인 OO라는 생각을 가진다. OO에는 '토끼' 등 자신이 맡은 배역 이름을 넣어도 상관없다. 배우는 다른 인격으로 변신하는 존재이다. 즉, 변신할 수 있으면 된다.

이를 위해 먼저 교사 스스로 쑥스러움을 무릅쓰고 천연덕스럽게 연기하는 모습을 보여주어야 한다. 아이들은 평소와 달리 거침없는 연기를 펼치는 교사를 보고 놀라며 박수갈채를 보낸다. '부끄러워하는 배우를 보는 관객은 더 부끄럽다'는 사실을 알려준다.

참고로 할아버지, 할머니 역이 가장 만들기 쉽다. 최대한 천천히 움직이거나 말하면 비교적 간단히 연기할 수 있다. 아이는 바로 흉내를 낸다. 이를 계기로 다른 아이들의 연기도 점점 달라진다.

아이들이 조금이라도 연기가 늘었다 싶으면 놓치지 않고 칭찬한다. 듬뿍 칭찬한다. 그리고 더 잘할 수 있는 부분을 한 가지씩 짚어가며 원 포인트 레슨을 반복한다. 다른 인격이 되는 즐거움에 흠뻑 빠질 기회를 만들어보자.

성공의 비결

- 교사부터 자기 자신을 버리고 다른 인격으로 변신해 본다.
- 잘하는 아이들의 연기를 전체 아이들에게 예시로 보여준다.
- 연극 지도는 첫째도 칭찬, 둘째도 칭찬, 셋째도 칭찬이다.

허쌤의 교실 이야기

학예회에서 연극을 공연하게 된다면, 교실에서부터 아이들의 역할을 나누어 모두 제 목소리를 낼 수 있도록 고민할 필요가 있습니다. '흑설 공주'라는 연극을 반 아이들이 대본을 구해 수정한 후에 어떻게 하면 많은 아이가 연극에 골고루 참여할 수 있을지 고민했습니다. 그래서 아이들을 대본 팀과 목소리 배우인 성우 팀, 그리고 실제 연극배우 팀으로 나누었습니다. 대본 팀 아이들은 대본을 수정해 더 많은 아이가 역할을 맡을 수 있도록 했고, 목소리 배우 팀인 성우 팀은 가장 실감나게 목소리 열연을 펼칠 수 있는 아이들로 뽑았습니다. 그리고 사전에 휴대전화로 전체 공연을 담아 연극 공연 당일, 배우 팀은 목소리를 내지 않고 입만 열어 틀어주는 목소리에 맞추어 공연하게 했습니다. 덕분에 당일, 마이크를 많이 준비해 바꿔 대사를 하는 번거로움도 없었고, 크게 떨거나 실수하지 않고 공연을 잘 마칠 수 있었습니다.

아홉
합창 연습에 진지하게
임하지 않는 아이에게는
▶ 한 사람 한 사람의 가치와 소중함을 깨닫게 한다

전교 합창 발표회. 학급별로 모여서 합창 연습을 한다. 그러나 1반에는 A를 앞장세운 몇몇 장난꾸러기 남자아이들이 있다. 다른 아이들 뒤에 숨어서 노래하려 하지 않는 아이들도 있다. 거듭되는 연습에도 전혀 성실히 노래하려 하지 않는데다, 담임 선생님이나 음악선생님이 여러 번 혼을 내고 칭찬으로 달래도 아무 소용이 없었다. 그러자 진지하게 합창 연습에 참여하는 아이들은, 적극적으로 해결해 주지 않는 선생님들과 여러 번 혼나면서도 계속 장난을 치는 아이들 양쪽에 불만을 가지기 시작했다. 합창이 서로를 똘똘 뭉치게 해 주기는커녕, 아이들 사이의 마음의 거리를 점점 벌리고 있었다.

왜? 어째서?

노래하지 않는 아이들은 어느 학급에나 꼭 있는 골칫거리다. 오히려 노래하지 않는 아이들이 더 많아서 난처한 경우도 꽤 많다. 노래를 안 하는 것이 아니라 못하는 것일 수도 있다. 노래를 잘 못하기 때문에 노래하려는 노력조차 하지 않는 것일지도 모른다. 노래하지 않는 아이들이 많으면 '나 하나쯤이야, 노래 안 하면 어때?' 라는 생각이 싹튼다. 즉, 그 활동에 대한 자기효능감이 없는 상태다. 이를 그대로 내버려 두면 노래를 제대로 하지 않는 아이들이 연쇄적으로 늘어난다. 성실하게 노래하는 아이들이 바보 취급을 받게 된다. 이렇게 되면 자연스러운 개선을 기대할 수 없으며 어떻게든 지도를 해야 한다. 집단 속에 숨은 '나 하나쯤이야'라는 생각을 깨부술 필요가 있다.

여기서 반격!

'나 하나쯤이야, 노래 안 하면 어때?' 하는 생각을 바로잡는다. 다음 예화를 들려주며 반격한다.

반격의 한마디

"깨끗한 물에 한 방울 오염된 물이 떨어졌어요. 마실 건가요?"

한 사람도 빠짐없는, 문자 그대로 '모든 사람'의 힘을 합치기 위한 예화다('오염된 물'을 '오줌'이라고 하면 더 효과적이다). 이 물 이야기는 99.9% 깨끗한 물에 아주 조금이라도 더러운 것이 들어가면 마시고 싶지 않아진다는 사실을 일깨워준다. 합창은 모든 사람이 만드는 하나의 작품이다. 전체적으로는 좋아 보여도, 그 속에서 단 한 사람이라도 장난을 친다면 수포로 돌아가는 것이다. 노래 실력과는 전혀 상관없다. 단 한 가지, 열심히 하기만 하면 된다. 그 마음은 노랫소리와 신체 전체에 영향을 끼쳐, 퍼포먼스로 나타난다.

또, 자기도 모르게 장난을 치게 되는 아이의 마음에 공감해 주는 것도 중요하다. 노래를 잘 못하는 탓에 무의식중에 장난을 치면서 남의 눈을 속이기도 한다. '눈과 입을 크게 벌리면서 노래하는 것도 훌륭한 표현', '얼굴과 몸으로 표현해 보자' 등, 노랫소리 말고도 열심히 할 수 있는 부분이 많이 있다고 가르친다. 합창발표회에서는 모두가 어느 부분에서든 "나는 OO를 열심히 했어!"라고 말할 수 있도록 지도해 보자.

성공의 비결

- '나 하나쯤이야'라는 의식을 바로잡는다.
- 노래를 못하는 아이들이 노력할 수 있는 부분을 가르쳐 준다.

열
졸업식 연습을 대충 할 때
▶ 졸업식은 시종일관 항상 '최고'를 추구한다

2월, 6학년 졸업식 연습이 시작되었다. 졸업식은 어느 정도 형태가 정해져 있는 의식이다. 매번 거의 같은 식으로 연습을 하는 데다, 아이들은 거의 가만히 서 있기만 하므로 연습을 거듭할수록 해이해질 뿐이었다. "이제 연습은 안 해도 되는데…" 이렇게 생각하는 아이들도 생겨나 언제부터인가 졸업식 연습이 생활지도의 장처럼 되고 있었다.

왜? 어째서?

졸업식 행사는 지금까지 학교에서 해온 학생 지도의 집대성이다. 왜냐하면 졸업식은 아이들의 '마음'이 드러나는 행사이기 때문이다. 또한 인내심이 있어야 한다. 졸업식에서 가장 긴 시간 동안 취하는 자세는 바로 앉은 자세이다. 바른 자세로 축사에 진지하게 귀를 기울인다. 그러기 위해서는 몸과 마음에 자율과 인내가 필요한데, 교육으로써 이를 가능케 한다. 적절한 지도가 결여된 졸업식은 분명 엉망이 될 것이다.

이번 사례에서는 가장 첫 번째 지도부터 실패했다. '졸업식 형식을 그대로 재현한다'는 것이 졸업식의 목적이 되어 버렸다. 졸업식 연습의 의의는 그곳에 있지 않다. 졸업식을 해야 하니까 연습한다는 생각으로는 인내심 대회가 될 뿐이다. 이런 연습은 하지 않는 편이 낫다. 형식의 재현이 목적이라면, 몇 번씩이나 연습할 필요 없이 한 번만으로 끝내도 무방하다. 졸업식 연습을 바라보는 관점을 송두리째 바꿀 필요가 있다.

여기서 반격!

졸업식 연습을 하면서 이 말을 여러 번 반복한다.

반격의 한마디

"그게 여러분이 보여줄 수 있는 최고의 모습인가요?"

이 반격을 쓰기 위해서는 졸업식 연습 시작 단계에서 다음과 같이 이야기를 한다.

솔직히 말하자면, 졸업식 연습은 한 번만 해도 일단 형식이 갖춰지므로 실제 행사를 치르는 데에는 아무 문제가 없지요. 그럼 우리는 도대체 왜 이 자리에 있을까요? 그 까닭은, '최고의 모습'에 가까워지기 위해서입니다. 졸업식은 초등학교에서 배우는 가장 마지막 수업인 것입니다.

여러분, 오늘 '최고의 모습'을 공부하러 왔다고 생각하며 이 자리에 있습니까? 만약 이렇게 생각하는 어린이라면 '최고의 모습', '최고의 기립, 착석', '최고의 인사', '최고의 졸업장 수여', '최고의 대답' 평소에 이런 것이 어떤 이미지일지 생각하면서 조금이라도 가까워지려는 노력을 하겠지요.

얼마 남지 않은 귀중한 시간을 쓰면서까지 연습하는 졸업식입니다. 어차피 할 바에는, 최고의 모습을 목표로 최고의 시간을 만들어가면 어떨까요.

덧붙여 이는 퇴임 교사인 요코야마 겐야 선생님의 말을 참고하였다. 졸업식 연습 도중에는 기회 있을 때마다 이런 물음을 던진다. "이게 여러분이 보여줄 수 있는 최선입니까?" 아이들은 "아니오." 하고 대답한 뒤 더 좋은 모습을 보여줄 것이다. 나아졌을 경우에는 "역시!" 하고 나아진 모습을 인정하고 칭찬해 준다. 이를 반복한다. 의미 있는 연습을 한 회 한 회 거듭하면서 최고의 졸업식을 만들어가는 것이다.

성공의 비결

- 가장 처음에 졸업식의 의의를 최선을 다해 설명한다
- 항상 계속해서 최고를 추구한다.

허쌤의 교실 이야기

졸업식은 아이들에게 어떤 의미가 있는 행사일까요? 허심탄회하게 졸업식을 앞두면 아이들과 이야기를 합니다. 굳이 '졸업식'을 만들어 여러 학부모님과 지역 유지들을 모셔 행사로 진행하는 이유가 무엇일까요? 졸업식은 '졸업을 기념하는 행사'로 한국에서는 해당 교육기관의 모든 과정을 이수(수료)한 학생들을 대상으로 그동안 수고했음을 축하해주고 기념해주는 의식입니다. 졸업식을 앞두고 1학년 선생님과 미리 약속해두고 1학년 교실에 찾아갔습니다. 1학년 동생들의 책상에 앉아보고, 잠시 1학년 선생님이 불러주시는 이름에 대답을 해보며 입학식할 때의 설렘을 느껴보게 했습니다. 그날 쓴 수업일기입니다.

〈2월 9일 월요일: 1학년 교실에서 수업하기〉

전주에 미리 1학년 유정화 선생님께 부탁해 금요일 졸업을 앞둔 아이들을 데리고 1학년 교실로 찾아갔습니다. 동생들에게 양해를 구하고, 자리에 앉았습니다. 너무나 작은 책상과 의자에 아이들 웅성웅성…. 이어서 유정화 선생님께서 미리 부탁한 대로 '상황극'을 시작했습니다.

"안녕하세요. 친구들, 저는 앞으로 일 년 동안 여러분을 가르치게 된 유정화 선생님이라고 해요. 유치원을 졸업하고 초등학교에 올라오니 모든 게 낯설지요?" 그리고 책상 속 교과서를 열어 잠시 1학년 체험을 했습니다. 교과서를 펼쳐보며 아이들의 파안대소….

　그리고 이제 2학년에 올라가는 동생들에게 초등학교를 졸업하며 해주고 싶은 이야기를 하게 했습니다. 대부분의 아이들이 "1학년 때는 놀아도 돼요. 더 많이 친구들과 즐겁게 보내세요"라고 했습니다. 재창이가 "1학년 땐 아직 엄마에게 안 혼날 나이니 마음껏 하고 싶은 것을 하세요."라고 하자 여기저기서 "어? 우리도 맨날 혼나는데"라고 해서 모두 활짝 웃었습니다. 마지막으로 동생들에게 선배들이 미리 준비한 초콜릿, 사탕, 초코파이 등 푸짐한 선물을 주고 교실로 돌아왔습니다.

　"금요일이면 여러분은 학교를 졸업하게 됩니다. 오늘 1학년 교실에서 수업을 하니 어떻습니까? 책상이나 의자가 작아 놀랐다고요? 그건 여러분들이 6년 동안 그만큼 몸이 성장했다는 증거입니다. 어디 여러분의 '성장'이 그것뿐이겠습니까? 1학년 교과서로 수업을 하며 유치하다고 웃던 친구들도 있었습니다. 하지만 그런 생각도 1학년 때가 아니라 그 이후에 배운 것들입니다. '유치하다', '오그라든다'는 생각을 가지는 것, 그것마저 여러분들이 성장했다는 증거입니다. 눈으로 보자마자 술술 글을 읽고, 더하기 빼기 계산도 쓰지도 않고 뚝딱 계산하죠. 지금은 당연한 일이겠지만, 6년 전에 여러분들은 그것을 하기 위해 필사적으로 열심히 공부해야 했습니다. 그런 노력들이 하나하나 쌓여 지금의 여러분들을 만든 것입니다. 오늘 후배들에게 해주었던 그 이야기, 여러분 마음속에 되돌려주고 여러분도 말한 대로 살아가길 바랍니다. 나를 설득하지 못한 이야기는 동생들도 설득할 수 없습니다."

예의에 관한 이야기를 해 보고자 한다. 우리 반에서는 급식 시간에도 '자세를 바르게' 한 뒤 "잘 먹겠습니다."를 외친다. 이 '자세를 바르게 한다'는 행위는 '훈육'이다. 의식적인 반복을 통해 행위가 무의식중에 몸에 익는 것이다.

훈육이라는 말은 한자 가르칠 미(躾)와 같다. 미(躾)는 '몸을 아름답게 한다'는 구성의 한자로, 예의범절을 몸에 익힌다는 의미다. 가지런히 바느질을 하기 위해 대강 꿰매 둔다는 의미도 있다. 모내기를 한다는 의미도 있는데, 가로세로를 바르게 맞추는 것에 기원한다.

훈육은 몸을 아름답게 한다. 자세를 바로 하고 허리를 의식적으로 세워서 학습에 임하는 것도 훈육의 하나이며, 대답·인사·식사 예절도 모두 훈육이다. 자유를 좋아하고 형식에 얽매이는 것을 싫어하는 경향도 있지만, 모든 부분이 미숙한 단계에서는 먼저 기본적인 형식을 잘 가르치는 일이 아주 중요하며, 어느 정도 된 뒤에 다음 단계로 가야 바람직하다. 일본의 전통문화에서 말하는 '지키고, 부수고, 창조한다(守破離)'의 '지킨다(守)'에 해당한다.

올바른 훈육을 받지 않고 자란 아이는 뒤틀리게 된다. 올곧은 마음과 솔직함이 사라진다. 올바른 가르침을 받아들일 수 없게 되는 일은 본인에게 있어 불행이다. 한편, 훈육을 제대로 받은

바른 아이는 행운이다. 이에 대한 책임은 주위 어른들에게 있다. 흔히 과도한 방임이나 응석받이로 키우는 것이 원인이 된다.

저학년 때까지 제대로 훈육하면 고학년 학급경영이 훨씬 원활해진다. 저학년 때의 훈육이란, 한 치의 오차도 없이 맞추는 것이 아니라 바르고 단정히 하기 위해 대충 꿰매는 정도라는 것이다. 삐져나오는 즉시 제대로 고쳐 둔다. 가봉이 잘 되어 있으면 실제 바느질도 아름답게 된다.

저학년일수록 포기하지 않고 일상 속 훈육에 철저해야 한다.

5장:

학부모&동료 교사를
내 편으로 만든다!
소통에 효과적인 반격의 기술

교육은 혼자서는 할 수 없다. 학부모나 동료 교사와 같은, 함께 교육하는 사람들과의
연계 및 협력을 통해야만 비로소 교육이 가능해진다.
그러나 그 의사소통의 중요함과 어려움은 누구나 느끼고 있을 터이다.
이 장에서는 아이를 가르침에 있어 소중한 동반자인
학부모와 동료 교사라는, 어른을 대하는 반격을 제안하고자 한다.

하나
숙제가 너무 많다는 학부모에게는
▶ 가정의 사정에 성실히 귀를 기울이자

어느 학부모로부터 이런 민원이 들어왔다. "우리 아이는 배우는 게 너무 많아서 숙제를 할 틈이 없어요. 선생님이 내 주는 숙제가 너무 많아요." 선생님은 "다른 아이들도 똑같이 하는 숙제이니만큼, 숙제를 꼭 해올 수 있도록 가정에서 지도 부탁드립니다."라고 대답했다. 그러자 학부모는 알았다고 대답했으므로 선생님은 학부모가 잘 납득하고 넘어갔다고 여겼다. 그러나 실은 불만을 품은 학부모가 주위 학부모에게 'A 선생님은 가정 사정을 이해해 주지 않는다'라는 험담을 하고 다닌다는 사실을 알게 되었다.

왜? 어째서?

이 실패 사례의 핵심은, 가정 사정을 잘 듣지 않고 학급경영 사정을 우선했다는 점이다. '배우는 게 너무 많아서 숙제를 할 틈이 없다'라는 부분을 더욱 자세히 물어봤어야 했다. 각 가정에는 저마다의 사정이 있고, 부모들의 가치관도 다종다양하다. 예를 들어 가정 사정으로 모든 집안일을 아이가 해야 하는 경우가 있다. 학업에 가사까지 도맡아 해야 한다면 아이는 숙제가 아무리 적어도 매우 힘들 수 있다. 또 배움에 있어서도, 각 가정이 가장 우선시하는 것이 있다. 아이를 최고의 피아니스트로 키워내는 것이 가족의 숙원사업이라 여기에 모든 주의를 기울이고 있을지도 모른다. '아무리 그래도 숙제는 해 와야지.' 이는 선생님의 가치관이다. 특히 숙제처럼 학급이 아니라 가정 상황에 좌우되는 것은 상대의 사정 또는 가치관에 맞춰줄 필요가 있다.

여기서 반격!

아무쪼록 가정 방침과는 대립하지 않도록 다음과 같이 반격한다.

반격의 한마디

"가정에서의 방침을 자세히 알려 주세요."

먼저 부모의 이야기에 귀를 기울인다. 때로는 가정 사정에 따르기도 해야 하는 법이다. 학부모에게 졌다는 생각은 금물이다. 학부모와 담임은 아동의 성장이라는 공통 목표를 추구하는 동료이다. 동시에, 아이에 대한 책임은 담임보다 학부모가 훨씬 많이 지고 있다는 점도 잊어서는 안 된다. 담임이 아이와 직접 관계하는 기간은 1년에서 2년 정도지만 학부모는 평생이다. 책임을 짊어지는 방법과 무게가 전혀 다르다. 학급경영 방침보다 가정 방침이 아이에게는 훨씬 우선되는 것이다.

일관적인 지도와 개별 대응은 별개이며, 양립할 수 있다. 학부모가 '사정이 있어서 숙제를 할 수 없다'라고 한다면 가정을 바꾸려 하지 말고 선생님이 다르게 대처한다.

단, 특별대우를 해 주는 대신 조건을 달아야 한다. 숙제를 할 수 없는 사정을 다른 아이들에게 전체적으로 알리는 것에 대한 승인이다. 동질 집단 내에서 특별한 배려를 받는 것이므로, 본인과 주위 친구들 모두에게 필요하다. 교사는 같은 반 친구들이 납득할 수 있도록 가능한 한 정중하게 설명한다. 그렇게 하지 않으면 그 아이를 두고 주변 친구들이 험담을 하거나 괴롭히게 될 수 있다. 설명이 미흡한 경우에는 담임이 아이들을 차별한다는 비난을 받을 수도 있다. 아이들을 위해 선생님이 할 수 있는 최선을 다하고 싶다는 진심이 전해지도록 한다.

성공의 비결

- 자신은 아이들의 건강한 성장을 함께 소망하는 동료라는 점을 전한다.
- 가정의 방침이 학급경영방침에 우선하기도 한다는 점을 자각한다.
- 특별대우가 필요한 경우에는 주변 아이들을 반드시 배려한다.

허쌤의 교실 이야기

'숙제'로 인해 아이, 학부모님과 갈등을 겪는 선생님들이 종종 있습니다. 학기 초 첫날, 아이들이 바라는 것을 종이에 적게 합니다. 그런 후 종이뭉치를 만들어 던지게 했고, 이걸 집에 가져와 통계를 내어보니, 아이들이 가장 바라는 것 1위는 '체육 많이 해 주세요.', 2위는 '숙제 조금만 내 주세요!'였습니다. 거꾸로 이야기하면 아이들과 체육 수업을 꼭꼭 챙겨주고 숙제는 필요한 경우에만 조금 내주는 것이야말로 학급경영의 성공 법칙인 셈입니다. 꼭 집에서 해와야 하는 숙제도 있습니다. 하지만 대부분의 숙제는 학교에서도 할 수 있습니다. 가능하다면, 공책 정리, 일기 쓰기도 아침 자습 시간이나 수업 시간 잠시 시간을 내어서 할 수 있습니다. 특히나 학부모님의 도움이 필요한 숙제라면 절대 내지 말아야 합니다. 숙제를 안 한 아이들을 혼내다 선생님과 아이들 관계가 나빠지는 경우가 많습니다. 저는 일기 같은 경우도 아이들과 학기 초 상의하여 일기는 개인적으로 쓰고, 수요일 아침 자습 시간에 열줄 주제 글쓰기로 바꿨습니다. 일주일에 한 번뿐이지만, 정말 필요한 주제를 담아 아이들의 생각을 드러내게 하니 충분했습니다.

둘

요구 사항이 많은 학부모에게는

▶ 협력을 요구한다

지병을 앓고 있는 A는 어렸을 때부터 입원과 퇴원, 수술을 반복해왔다. 그래서 A의 부모는 여러 특별한 배려를 자주 요구하며, 필요 이상으로 학생 지도에 참견하는 경향이 있다. 그 탓인지 A는 스스로 노력하면 할 수 있는 것도 안 하려고 하거나, 자신이 선생님에게 직접 요구하기보다 부모님을 통하는 모습을 많이 보였다.

사소한 요구가 거듭되던 어느 날 흔쾌히 들어주기 어려운 부탁 전화를 받았다. 선생님은 "죄송합니다. 거기까지는 어렵습니다."라고 대답했다. 그러자 학부모는 벌컥 화를 내고는 교육청에 바로 민원 전화를 넣었다. 교육청은 선생님의 사정을 짐작하고 적절히 대처해 주었지만, A를 위해 지금까지 최선을 다했을 뿐인 선생님은 기분이 무척 찜찜했다.

왜? 어째서?

모든 요구를 순순히 들어주다 보면 요구의 수준이 슬금슬금 올라가다 마침내 도가 지나치게 된다. 그러나 쉽게 거절하기는 어려운 실정이다. 또 부모는 애초에 스스로 어찌할 수 없는 곤란한 상황일 때 말하러 온다는 사실에도 주목해야 한다. 아이가 아니라 학부모를 위한 요구를 하러 올 때도 있는데, 이를 간파해야 한다. 모든 요구를 무조건 들어주기만 한다면 거절당했을 때 큰 불만을 갖게 된다. 담임과 학부모는 아이의 성장을 위해 협력하는 관계라는 원칙에 충실할 필요가 있다.

여기서 반격!

학부모와 담임은 아이의 성장을 위해 함께하는 팀이다. 팀 메이트는 함께 노력해야 하는 운명 공동체다. 다음과 같이 반격해 보자.

반격의 한마디

"잘 알겠습니다. 함께 협력해 나갑시다."

학부모의 부탁은 들어주고 싶은 법이다. 이때 알겠다고 하면서 먼저 상대방의 이야기를 받아들이는 것이 원칙이다. 그러나 담임뿐 아니라 학부모가 같이 노력해야 효과가 배가된다. 학부모와 담임은 자동차의 양쪽 바퀴와 같다. 한쪽 바퀴만 굴러가면 앞으로 나아가지 않는다.

예를 들어 학부모가 연필을 바르게 잡는 방법을 지도해 달라는 요구를 했다고 하자. 그런 것은 가정에서 지도하실 부분이라고 거절하고 싶지만, 일단 받아들인 뒤 한 번이라도 제대로 지도하면 담임의 역할은 충분히 한 셈이다. 그리고 학부모에게 이렇게 말한다. "오늘은 연필을 바르게 잡는 법을 가르쳤습니다. 잘 했습니다.

오늘부터 집에서도 매일 연습하도록 지도했으므로 부모님께서도 매일 봐 주시고 가능하면 많이 칭찬해 주세요." 이렇게 요구하는 학부모는 정작 가정에서 꾸준히 지도하기를 귀찮아한다. 왜냐하면 연필 잡는 법을 지도해 달라고 학교에 요구할 정도이기 때문이다. 바로 이 부분이 포인트다. 내가 힘들면 상대방도 힘들다. 이를 공유한다. 담임이 혼자 떠안지 말고 학부모와 함께 지도한다. 때로는 전화나 가정방문을 통해 진척 상황을 알려주는 것도 중요하다. 공감과 보조를 맞추려는 자세는 무너지지 않도록, 신뢰 관계를 계속 쌓아보자.

성공의 비결

- 개인적인 요구에 대해서는 담임만 떠안지 말고 학부모도 협력하게 한다.
- 요구는 일단 받아들이고, 한 번이라도 해 본다.
- 귀찮다고 회피하면 나중에 더 귀찮아진다는 점을 명심한다.

셋
아이에게 선생님에 대한
불평불만을 말하는 학부모에게는

▶ 선수 필승! 불만이 있으면 직접 선생님에게
말해 달라고 총회에서 부탁한다

A 학교는 교육환경이 우수한 지역에 위치하여 교육열이 높은 가정이 많다. 그래서인지 학교에 요구하는 것도 많고, 젊은 선생님은 아이들을 잘 지도하지 못한다는 의견도 종종 들려온다. 아이들도 평소에 집에서 'B 선생님 말은 안 들어도 된다'는 말을 듣는 모양이다. 꾸중도 타이름도 잘 먹혀들지 않는다. 한번은 학부모에게 학생 지도 상담 건으로 연락을 했는데, 오히려 "그건 선생님이 잘못 생각하시는 거예요. 아이들 지도에 대해서 공부 좀 더 하셔야겠어요."라는 말이 되돌아왔다.

왜? 어째서?

젊은 교사들은 이러한 학부모와의 갈등으로 고민하곤 한다. 특히 젊은 교사는 나이가 어리다고 학부모가 은근히 깔보는 경향이 있다. 첫 공개수업이나 학부모 총회 때 미덥지 않다 싶으면 바로 신뢰를 거두기도 한다. 그런 분위기가 감지되면 젊은 교사는 지나치게 자신감을 상실하게 된다(반대로, 어딘지 모르게 지나치게 자신만만한 태도도 반감을 사기 쉬우므로 주의해야 한다).

교사와 학부모의 관계가 적과 아군의 관계로 슬쩍 바뀌어 버린 점이 패착이다. 교사와 학부모는 항상 아이를 성장시키기 위한 동료 관계여야 한다. 젊고 경험이 없더라도 아이에게 담임은 언제나 담임이며 웃어른인 점은 변함이 없으나, 학부모가 이렇게 생각하지 않는 경우가 있다. 이러한 관계를 잘 맺을 수 있도록 학부모에게 명확하게 부탁한다.

여기서 반격!

사실 이는 반격이라기보다 선제공격에 가깝다. 3월 학부모 총회 때 전체 학부모 앞에서 이렇게 말한다.

반격의 한마디

"불만이나 의문이 있으시면 아이가 아니라 직접 저에게 말해 주시기 바랍니다."

아이 앞에서 담임을 비롯한 교사들의 험담을 하지 않도록 부탁한다. 아이는 부모의 말에 영향을 받는다. 부모의 영향으로 선생님을 삐딱하게 바라보게 되면 공부가 되지 않는다. 한편, 부모는 선생님에게 반드시 불만을 가질 수밖에 없다는 전제를 세우고, 불만이 있다면 받아들이고 개선해 나갈 것이라는 자세를 보여 준다.

이 말과 세트로, "아무쪼록 선생님 말씀을 잘 듣도록 가정에서 지도해주시기 바랍니다."라고 부탁한다. 그리고 담임이 평소 아이들에게 '가정에 감사하고, 부모님 말씀 잘 듣기'를 지도한다는 점을 학부모에게 알린다. 이 두 가지가 성공적으로 수행되면 아이들은 안정감을 느낀다. 내가 사랑하는 우리 부모님이 선생님 말씀을 잘 들으라고 한다. 선생님은 부모님 말씀을 잘 들으라고 한다. 모순이 없으며, 아이와 부모, 교사 모두 행복하다.

학부모 총회에서 이를 '나사 모델'로 설명한다. 다음 그림과 같이 큰 나사를 그린다. 나사는 아이를 뜻한다. 큰 나사를 부모와 교사, 둘이서 양쪽에서 돌리는 장면을 상상한다. 양쪽에서 함께 같은 방향으로 돌리면 나사는 점점 돌아갈 것이다. 정방향이라면 위쪽으로, 역방향이라면 아래쪽으로 돌아간다. 그러나 양쪽에서 서로 반대 방향으로 돌리면 나사는 움직이지 않고, 나사 자체도 손상되고, 무리하게 힘만 쏟아 피곤해질 뿐이다. 담임과 학부모는 '아이의 성장'이라는 공통의 목적을 가진 한 팀이 되었으면 한다는 의지를 전달해 보자.

성공의 비결

- 담임과 학부모는 아이들을 더 좋은 방향으로 성장시키는 한 팀
  이라는 사실을 명심한다.

허쌤의 교실 이야기

같은 편인 듯하면서도 자식의 이해관계 앞에서는 돌변하는 학부모님들을 종종 보아 왔기 때문에 교사들은 흔히 '학부모님'을 일컬어 '가깝고도 먼 당신'이라는 말을 합니다. 그럼에도 불구하고 아이를 위해 교사와 학부모는 한 팀이 되어야 합니다. 태어나서 성인이 될 때까지 아이에 대한 책임은 분명 부모에게 있습니다. 교사는 그 과정 중 1년 동안 아이를 바람직하게 성장시키기 위한 동일한 프로젝트에 참여하는 셈이기 때문입니다. 특히 새내기 교사일수록 학부모와 엮이는 걸 싫어하는 경향이 있습니다만, 올바른 교육이 이루어지려면 서로에 대한 존중이 밑받침되어야 합니다.

교사가 아이에 대해 파악하는 것은 부모가 자식에 대해 알고 있는 것에 비하면 아주 일부분에 지나지 않습니다. 아이가 무엇을 좋아하고 싫어하는지, 친구 관계는 어떻고 어떠한 상처가 있는지 등 아이가 자라오면서 형성된 모든 것에 대해 가장 잘 알고 있는 사람은 부모입니다. 학부모 상담 시에는 아이에 대한 전문가를 모시고 아이에 대한 충분한 이야기를 듣는다는 생각으로 임해야 합니다. 앞으로도 아이의 미래에 대해 가장 많이 고민할 사람도 역시 부모님이기 때문입니다.

넷
아이의 단점을 늘어놓는 학부모에게는
▶ 다른 측면을 조명한다

A는 공부는 잘 못하지만 아주 활달한 남자아이다. 그러나 A의 부모는 걱정이 많고 아이를 부모가 원하는 방향으로 끌고 가려는 경향이 강하다.

A의 부모가 상담을 와서 이렇게 물었다. "우리 아이는 원래부터 공부하고는 담을 쌓았고요, 집에서도 팽팽 놀기만 해요. 공부를 더 열심히 해야 할 것 같은데. 이대로는 안 되겠지요, 선생님?" 담임 선생님은 실제로 학습 면에서 A에게 약간 문제가 있다고 느꼈기 때문에, "어머니 말씀대로 조금 더 노력이 필요해 보이는군요. 수학 시간에 있었던 일인데요…" 하고 난처했던 사례를 자세히 설명하기 시작했다. 담임 선생님은 그 밖에도 A가 고쳤으면 하는 점을 학부모에게 정중하게 말씀드리고 무사히 상담을 마쳤다고 생각했다. 그러나 가족들은 뒤에서 "역시 선생님은 우리 A를 좋게 보지 않았어." 하는 입방아를 찧어댔다.

왜? 어째서?

먼저 교사는 무슨 일이 있어도 아이의 비판이나 험담에 동의해서는 안 된다. 이는 학부모를 대할 때뿐만이 아니라 다른 상황에서

213

도 마찬가지로 지켜져야 하는 대원칙이다. 자기 아이를 험담하는 학부모는 사실 마음속으로 자신의 육아에 부정적인 이미지를 그린다. 아이가 잘하지 못하는 현재 상태에 책임을 느끼는 것이다. 즉, 이 학부모의 이야기에 동조한다면 아이를 부정하게 되며 나아가 눈앞에 있는 학부모를 부정하는 셈이다. 절대로 동조해서는 안 된다.

반격의 한마디

"그게 OO의 장점이라고 할 수 있죠."

단점은 장점이고, 장점은 단점이다. 즉, 어떻게 보느냐에 따라 다르다. 빛을 비추는 방향에 따라 사물의 외관이 달리 보이는 현상과 같다.

공부는 잘 못하더라도 쉬는 시간 종이 울리기 무섭게 활기찬 모습으로 즉시 바깥에 뛰쳐나가는 아이가 있다. 이 아이를 '친구와 어울려 노는 것을 아주 좋아하는 건강한 아이'로 볼 수도 있고, '공부는 뒷전이고 놀기만 하는 아이'로 볼 수도 있다. 두 표현은 모두 사실이다. 단지 빛이 비춰지는 면이 달라서 다르게 보일 뿐이며, 아이가 나타내는 사실은 하나도 다르지 않다. 단, 아이가 바라보는 자신의 이미지는 주위 사람들의 표현을 따라간다. 특히 부모님의 말은 인격에 강한 영향을 미친다. 선생님의 말도 부모만큼은 아니지만 꽤 영향력이 있다. 선생님과 부모님 모두 같은 말을 한다면 '나는 이런 아이구나' 하는 생각이 굳어질 것이다.

부모의 '우리 아이 부정'은 오히려 긍정해 달라는 심층심리의 반어적 표현이다. 지금까지 제대로 키워 왔으니 낙제 부모일 리는 없다. 지도에 조금 어려움을 겪는 정도라면 그 자리에서는 아무래도 좋다. 부모와 아이를 모두 긍정한다. 아이의 나쁜 점을 보는 교사, 좋은 점을 보는 교사. 부모가 어느 쪽에 협조하고 싶은지는 명백하다. 결과적으로 담임이 뜻밖의 도움을 받을 수도 있다.

성공의 비결

- 부모의 '우리 아이 부정'에는 절대로 편승하지 않는다.
- 아이의 좋은 점에 주목하고 듬뿍 칭찬하여 부모가 편안한 마음을 가지도록 한다.

허쌤의 교실 이야기

"우리 아이는 원래부터 공부하고는 담을 쌓았고요, 집에서도 팽팽 놀기만 해요. 공부를 더 열심히 해야 할 것 같은데. 이대로는 안 되겠지요, 선생님?"

마쓰오 히데아키 선생님의 의견에 정말 공감합니다. 종종 초임 교사들이 평소 그렇게 생각한 대로 이야기했다가 학부모님과 사이가 나빠지는 것을 봐 왔습니다. 그런 의견에 동조하기보다는 질문을 되돌려 주는 것이 좋습니다.

"그동안 그 문제를 해결하기 위해 어떻게 해 오셨나요?"

"선생님, 우리 경철이가 주의집중도 못 하고 너무 산만한 것 같아요. 어떻게 하면 좋을까요?" 학부모님이 아이에 대한 조언을 구할 때 무언가 전문가의 입장으로 대답을 해줘야 할 것 같은데 머릿속만 복잡할 뿐 대답이 잘 나오지 않는 경우가 많습니다. 이럴 땐 교사가 답을 주는 것이 아니라 그동안 학부모님이 해온 노력을 함께 이야기하면서 해결의 실마리를 찾는 것이 좋습니다. 많은 학부모님의 경우, 지금의 자녀 문제에 대해 얼마나 큰 노력을 기울였는지 교사에게 알리고, 그것에 대해 격려를 듣고 싶어 하기 때문입니다.

"비교적 효과가 있었던 방법은 무엇인가요?"

"효과가 없었던 이유가 무어라 생각하세요?" 교사의 평가보다 학부모님 스스로 평가하고 되돌아볼 기회를 주면 충분합니다.

다섯
선생님의 의견을
잘 이해해 주지 않는 학부모에게는
▶ 때로는 논리적으로 말해 보자

A의 부모와는 마음이 잘 맞지 않고 생각이 정반대라서 사사건건 부딪치고 만다. 담임으로서 뭔가 이야기를 해 줘도 전혀 들으려 하지 않는다. 단적인 예로, 급식지도를 할 때 담임은 좋아하는 것과 싫어하는 것 없이 골고루 먹이려고 한다. 그러나 A의 부모는 자기도 싫어하는 음식은 안 먹는다는 이유로, 담임의 지도방침에 대한 반대 의견을 편지로 써서 전하는 실정이다.

이런 일이 반복되면서, 결국 아이는 엄마 핑계를 대며 담임이 하는 말을 듣지 않게 되었다.

왜? 어째서?

방침의 수는 사람의 수와 같이 무한하다. 이를테면 종교가 다른 아이들을 같은 방침으로 교육하기 어려운 것과 같다. 그리고 계속 반복되는 말이지만, 부모와 담임의 교육방침이 부딪쳐서는 안 된다. 담임이라면 학급경영 방침을 반드시 제대로 세워야 하지만, 아울러 담임의 방침에 맞지 않는 아이도 있을 수 있다는 전제를 항상 염두에 두고 있어야 한다. 그리고 언제나 부모의 방침이 우선시되어야 한다. 담임은 그 아이를 1년 보지만, 부모와 자식은 평생 본다. 방침이 서로 충돌할 경우 원칙적으로 부모의 방침을 따라야 한다. 학원 같은 곳에서는 싫으면 학원을 그만두라고 해도 되지만, 공교육의 장인 학교에서 그런 논리는 통하지 않는다.

여기서 반격!

가장 큰 원칙은 학부모와 싸우지 않는 것이다. 다음은 반격이다.

반격의 한마디

"좋은 의견 주셔서 감사합니다. 그런데 저는 이렇게 생각합니다."

먼저 상대방의 의견을 잘 듣는다. 아무리 이해가 안 되더라도 철저히 듣기부터 시작한다. 충분히 의견을 들은 뒤에 비로소 나의 의견을 전달한다. 순서가 거꾸로 되거나, 서로의 말이 뒤섞여 버리면 이야기가 어그러진다. 말이 얽히면서 각자 다른 주장을 내세우기 때문이다. 이것이 만약 두 가닥 끈이라면 풀 수 없게 된다. 학부모가 먼저 참고 교사의 이야기를 들어달라는 것은 명백히 통하지 않는다. 학부모 측에서 "먼저 선생님이 이야기하세요."라고 하는 경우를 제외하면 내가 먼저 들어야 한다. 그리고 그 후에 학부모가 나의 이야기를 듣도록 한다. 이렇게 말할 때에도 상대의 의견을 부정하거나 인용하지 않는다. 어디까지나 별개의 다른 이야기로서 내가 준비한 말을 할 뿐이다. 내용이 마침 상대방의 방침과 정반대라도 상관없다. 생각의 차이일 뿐이다.

상대에게 이래라저래라 요구하는 것을 'YOU 메시지'라고 한다. 이는 다른 사람을 개선하려는 것이다. 한편, 나는 이렇게 하고 싶다, 이렇게 생각한다는 것을 'I 메시지'라고 한다. 자기 자신을 오픈하는 것이다. 자신을 열고 생각을 알리는 것으로 충분하다. 그렇게 하면 서로 왜 그렇게 하고 싶은지 알 수 있다. 옳고 그름에 대한 이야기가 아니라는 것을 논리적으로 말하고, 서로의 생각을 알 수 있게 된다면 방침을 무리하게 일치시키지 않아도 다른 방향인 채로 나아갈 수 있을 것이다.

성공의 비결

- 무리하게 방침을 일치시키지 않는다. 먼저 듣고, 나중에 말한 뒤 상대에게 맞춘다.

여섯

상담거리를 가지고 오는 학부모에게는

▶ 상대 안에 있는 답을 끌어낸다

다른 사람과 대화하기를 아주 좋아하는 A 선생님. 학부모 상담도 그렇게 힘들지 않다. 질문을 받은 즉시 척척 조언해준다. "어머니, 그 문제는 이게 잘못됐어요.", "이렇게 하면 잘 될 거예요.", "아이의 마음을 좀 더 헤아리셔야겠어요." 등등. 뭘 질문해도 대답이 명확하다.

그러나 부모들 사이에서는 "모든 걸 가르치려 들어서 짜증 난다."라는 좋지 않은 평판이 생겼다.

왜? 어째서?

A 선생님은 원래부터 싹싹하고 고민이 있는 사람을 보면 도와주고 싶어 하는 타입이다. 책임감도 강하고 뜨거운 마음의 소유자로서, 다른 사람을 가르치는 직업을 가진 교사들에게서 자주 보이는 타입이라고 할 수 있다. 고민을 털어놓으면 적극적으로 들어주고 격려해 주지만, 이것이 의외로 상대에게 불만의 씨앗이 되기 쉽다. 누군가 내게 조언을 해준다는 것은 현재 상태에 대한 부정이다. 스승과 제자처럼 가르침을 주고받는 관계를 제외하고는 대부

분 지적처럼 들린다. 학부모는 아이를 어떻게 키울지 늘 고민하면서 그 가운데 가장 좋아 보이는 선택을 하였는데, 그 결과에 대해 아직 만난 지 1년도 안 된 교사에게 부정당하면 기분이 별로 좋지 않다. 부모는 사실 조언을 듣고 싶어서 상담을 신청하는 것은 아니라는 점을 명심할 필요가 있다.

여기서 반격!

고민을 들으면, 조언 대신 이렇게 반격하는 것이 원칙이다.

반격의 한마디

"그래서 어떻게 되었으면 좋겠습니까?"

상담 기법으로, 먼저 학부모의 '솔직히 이렇게 되었으면 좋겠다'라는 심층적인 바람을 "어떻게 되었으면 좋겠습니까?"라는 질문으로 끌어낸다. 그리고 "어떻게 하고 싶습니까?"라고 물어보면서 내면에 있는 답을 끌어낸다. 이 방법이 통하지 않고 부모가 선생님의 의견을 묻는다면, 그 단계에서 비로소 자신의 의견을 펼친다. 즉, 대부분의 경우 교사의 의견은 불필요하다.

　원래 상담이라는 행위는 단순히 누군가 이야기를 들어주었으면 하는 마음에서 대부분 시작된다. 특히 심각한 고민을 제외하고는 자기 이야기를 들어주면 만족한다는 경우가 많다(여자들의 모임에 귀를 기울여 보면 알 수 있다. 대부분 자기 이야기를 할 뿐이고 상대방의 말은 별로 듣지 않으며, '정말?', '근데 있잖아'의 연발이지만 왠지 모르게 분위기는 달아오르기 마련이다).

즉 고민에 대한 대답은 상대의 내면에 있다. 또, 상대가 바라는 것은 부정이 아니라 긍정이다. 학부모가 "이렇게 노력은 하고 있는데, 아무래도 잘되고 있지 않아서……."라는 상담에는 "정말 열심히 하고 계시는군요." 하고 긍정적으로 받아들이고 조언은 삼간다. 구체적인 조언을 하기보다는 마음을 헤아려 주는 것이 훨씬 중요하기 때문이다. 학부모와 교사 사이의 신뢰가 돈독하다면 아이의 문제는 대부분 잘 해결된다. 무엇을 위한 면담인가 하는 목적으로 돌아와 좋은 관계를 만들어 보도록 하자.

성공의 비결
• 이야기를 잘 들어주는 것이 상담의 첫 번째 목적이라는 점을 명심하고, 잘 들어준다.

허쌤의 교실 이야기

"지우는 수학이 약한데 학원에 다녀야 할까요?"

　종종 학부모님이 이렇게 질문을 해옵니다. 학부모님의 질문에 일일이 답을 하다가 어느 순간 막막함을 느낄 때가 많습니다. 이럴 때는 "어머님께서는 어떻게 생각하세요?"라고 질문을 돌려주는 것이 좋습니다. 학부모님의 질문이 어색한 분위기를 깨거나 자녀교육에 관심 많은 부모로 여겨지고 싶어 형식적으로 묻는 질문인지, 정말 답을 구하는 질문인지 파악함으로써 불필요한 답을 위해 쏟는 선생님의 노력을 줄일 수 있습니다. 게다가 이런 열린 질문은 학부모가 충분히 자기 이야기를 할 수 있도록 도와줍니다. 결국 학부모 상담은 학부모님 내면에 답을 정해두고 있는데 선생님의 동의를 구하는 경우가 많기 때문입니다.

아이의 모든 바탕은 가정교육으로 이루어진다. 부모의 태도는 아이의 바탕에 큰 영향을 미친다.

그렇다면 아이에게 '이상적인 부모'란 어떤 사람일까.

다수의 설문조사에 의하면, 상위에 오른 요소들은 다음과 같다.

'가족을 많이 생각한다', '밝다', '다정하다', '이야기를 잘 들어준다', '나를 잘 이해해 준다', '해야 할 일을 잘 한다' 등등….

전부 납득할 수 있는 결과다. 이는 '이상적인 교사상'과 거의 일치한다(이상적인 아내/남편과도 공통점이 많은 듯하다).

즉, 교사이기 이전에 평소 가족이나 친구를 대하는 태도가 일에도 배어 나오는 것이다. 교실 안에서는 좋은 사람인 척 그럴듯한 말을 내뱉어도 아이의 마음에는 와닿지 않는다. 아이는 어른의 본질을 꿰뚫어 보는 전문가다. 속임수는 통하지 않는다.

입장 바꿔 생각해 보면, 부모라고 해서 반드시 이상적일 수는 없다. 부모도 고민을 한다. 교사가 성장하듯 부모도 성장한다. 이상과는 거리가 먼, 자신의 불완전하고 안 좋은 점을 스스로 깨닫고 있기 때문에 비로소 다른 사람을 꾸짖고 싶어지는 법이다. 교사도 그렇지 않은가.

'부모가 이상하다'라고 꾸짖는 한 '담임이 이상하다'는 비난을 면치 못한다. 아이 앞에 서는 한, 부모와 교사는 내 맘 같지 않은 점을 함께 고민하는 관계라는 동료 의식을 가지고 서로 도우려는 자세가 중요하다.

'몬스터 페어런트(진상 학부모)' 꼬리표에 주의하세요

몬스터 페어런트라는 말이 흔해진 지 오래다. 어감부터 엄청난 명칭이다. 일본어로 번역해 보면 '괴물 부모', '요괴 부모'이다.

부모를 '몬스터'라고 치부해 버리면 모든 것이 부모의 책임이 되고 만다. 여론치고는 드물게 어느 정도 교사 측을 옹호하는 용어라고 할 수 있다.

그러나 일반인들의 그런 시각은 차치하고, 과연 교사가 이 표현을 안이하게 써도 좋은가 하는 문제는 잠깐 멈춰서 생각해보아야 할 부분이다.

일본의 교사에게도 과거에 반갑지 않은 낙인이 찍혔던 역사가 있다. 이를테면 '데모시카 선생[1]' 등이다. 2차 세계대전 이후의 고도성장기 시절, 인원이 부족하여 누구나 교사가 될 수 있었던 시대에 '다른 뾰족한 수가 없으니까 선생이나 할까', '선생밖에 할 게 없네'라는 동기로 교사가 된 사람들을 가리킨다. 그런 사람들이 있었을지도 모르지만 그런 시절에도 교육을 향한 높은 뜻을 품고 교사가 된 사람들이 훨씬 많지 않았을까 한다. 그런데도 일부 사람들이 신문 기사에 나온 조그만 실수를 두고 "이렇다니

---

1 데모시카 선생: '선생이나 (先生でも: 센세이데모)할까', '선생밖에 할 게 없네(しかなれない: 시카나레나이)에서 앞의 두 글자만을 따 와 만들어진 신조어.

까, 데모시카 선생은….” 따위로 말하니 슬플 따름이다.

부정적인 낙인이 찍히면 그 말 그대로 부정적으로 된다. 아이, 부모, 교사 모두 마찬가지다. 그러므로 교사는 이와 똑같이 대응해서는 안 된다고 생각한다.

대하기 무척 까다로운 부모는 실제로 존재하는 모양이다. 그러나 그런 부모를 모두 싸잡아 ‘몬스터’라는 강렬한 꼬리표를 붙여야 하는지는 의문이다.

그들의 호소는 정말로 부당할까. 내가 할 수 있는 것, 고칠 수 있는 것은 없는가. 개선책을 고민하는 시간은 내가 한층 더 성장하는 기회가 되기도 한다. 다루기 힘든 아이는 반드시 그렇게 생각해야 한다. 나의 성장을 위해 나타나 준 특별한 사람으로 여기고, ‘몬스터’라는 낙인을 찍어 밀어내지 않으며 가능한 한 적극적으로 대처할 것을 명심하기 바란다.

일곱
선배 선생님과 잘 지내고 싶을 때
▶ 서로 도우려는 마음을 가지고 효율을 올린다

신규 교사인 A 선생님은 아직 잘 모르는 것이 많다. 그래서 같은 학년의 고경력 선배 선생님이 수업 방법, 복장, 말투, 예의 등을 이것저것 가르쳐주곤 한다.

한편 선배 선생님은 컴퓨터에 약한 탓에, 남들은 뚝딱 끝내버리는 간단한 문서작업에도 시간이 꽤 걸려 늦게까지 남아 일하는 적이 많았다. 그래서 A 선생님은 혼자 먼저 퇴근할 수 없어 늘 함께 남아 야근을 했다. 그렇게 늦은 시간에 피로에 절어 퇴근하고, 충분히 쉬지 못한 채 출근하는 악순환이 반복되고 있었다.

왜? 어째서?

경력이 짧은 신규는 선배에게 전반적인 일하는 방법을 배우는 것이 당연하다. 실제로 신규는 주위에서 일일이 참견하고 싶어질 정도로 일을 못하기 마련이다. '이 정도면 꽤 잘 하는 것 같은데' 같은 혼자만의 생각은 젊은 혈기에 불과하다. 선배 교사는 신규를 가르쳐서 올바른 방향으로 끌어주고 싶은 책임감이 강하다. 단,

이야기는 듣는 사람의 태도가 90%를 좌우한다는 말이 있듯 관계가 나쁘면 어떤 유익한 조언도 잔소리로 들리는 법이다.

또, 사람들은 대부분 이 사례처럼 선배보다 빨리 퇴근하면 찜찜한 마음이 들 것이다. 그러나 같은 학년 선생님의 늦은 퇴근은 학년의 일이 남았다는 것, 즉 자신과 관계있는 일이 남았다는 것이다. 이런 때일수록 멍하니 보고 있지만 말고, 그동안의 고마움에 보답할 기회로 여겨 적극적으로 움직여야 한다.

여기서 반격!

일방적으로 도움받기만 하는 관계를, 자신이 할 수 있는 일을 해주는 상호부조의 관계로 바꾼다. 다음은 반격의 말이다.

반격의 한마디
"제게 맡겨 주세요 & 가르쳐 주세요"

후배가 나를 의지하면 기분이 좋다. 원래 교사는 다른 사람을 가르치기 좋아하는 사람이 선택하는 직업이다. 가르쳐 주어서 감사하다는 인사를 받고 기분 나빠할 사람은 없다. 신규는 손이 많이 가고 도움을 요청해 오기도 하지만 번거로운 존재는 아니다. 뭐든지 할 수 있다는 식의 똑 부러지고 자신만만한 신규는 오히려 경원시 되기도 한다. 평소 그런 태도였던 사람의 '가르쳐 주세요!' 하는 한 마디야말로 엄청난 위력을 발휘한다.

한편, 교사의 업무 중에는 신규가 잘하고 고경력 교사가 잘 못하는 일도 많다. 몸을 쓰는 일, 컴퓨터로 하는 일이 대표적이다. 물건을 옮기거나 몸을 움직이는 일은 신규가 더 잘 할 수 있다. 또, 엑셀이나 파워포인트와 같은 작업 등은 대신해 주면 고마워하는 일이 많다.

맡겨 달라고 먼저 말하면, 상대방은 선뜻 부탁하면서 가르쳐 달라고 할 것이다. 이 상호관계가 가능해질 때 신규와 고경력 교사는 서로 의지할 수 있다.

성공의 비결

- '나는 수업을 비롯한 일 전반이 미숙하다. 당연히 배워야 한다'는 자각을 가진다.
- 혼자서 다 해버리거나, 남에게 의지하기만 하는 것 모두 X.
- 특기를 100% 제공한다 & 잘 못하는 것은 도움을 받는다.
- '맡겨 주세요!'라고 먼저 말하면, '가르쳐 주세요!'가 빛을 발한다.

허쌤의 교실 이야기

같은 학년 10개 반 중에서 5개 반이 신규 교사입니다. 초임 교사들이지만, 제가 처음 발령 날 때와 달리 이미 많은 정보를 얻고 시작해서인지 아이들과 생각보다 잘 지내고 열정적이라 제가 더 배우는 게 많습니다. 처음에는 제가 어려운 일들을 도맡아 도와주려 했는데, 어느 날 선생님들이 찾아와 "저희에게 맡겨 주세요! 아이디어만 주시면, 저희끼리 수업 지도안도 작성해보겠습니다."라고 말해 주었습니다.

여선생님들이 많이 합동체육을 혼자 도맡아 고민하고 진행했을 때, 같은 학년 후배 선생님이 찾아와 "다음엔 저희가 직접 진행해볼게요."라고 인사를 건넸습니다. 선배는 이끌고 후배는 따라가는 구조가 아니라 같은 동료로서 선배는 후배에게 열정을! 후배는 선배님께 경험으로부터 얻은 지혜들을 배워가야 합니다.

여덟

업무로 하루가 힘들어질 때

▶ 업무의 질을 향상시키는 한 끗 차이를 만든다

첫 발령 이후 어느덧 3년이 지나, 새로운 학교로 전근을 했다. 6학년 담임에, 체육부장에, 연구부 일까지 맡으라고 한다. 올해 6학년은 지난해 큰 문제가 있었던 학년이다. 운동회는 바로 5월에 있는 데다, 그 후에도 체육행사가 산더미처럼 많다. 게다가 다음 연도에는 연구학교 보고회를 해야 한단다. 매일매일 눈코 뜰 새 없이 바쁜 나날이 이어지는 가운데, 야근을 하면서도 '왜 나만?'이라는 생각을 떨칠 수 없다. 푸념만 늘어놓다 순식간에 1년이 지나가고 말았다.

왜? 어째서?

신규 교사에게 의외로 많은 케이스다. 3년 차가 지나면 신규 딱지도 떼고 빠릿빠릿할 것이라고 생각하기 때문에 기력과 체력이 필요한 중요한 업무를 맡기 십상이다. 또 새로 전입해 오는 사람은 '새로운 바람'이라면서 기대를 한 몸에 받는 존재이다. 어떤 업무에 적임자라고 생각되어 자기도 모르게 그 일을 맡게 되는 경우도 있다. 반대로 모처럼 맡긴 일을 마지못해서 하는 티가 나거나,

주위에 불평을 늘어놓으면 업무가 바뀌기도 한다.

'업무' 없이 아이들 가르치는 일에만 전념할 수 있도록 학교가 바뀌어야 한다. 그렇지만, 그래도 기본적으로 선생님들이 해야 할 업무들이 있다. 이런 업무들이 자칫 젊은 교사들에게만 집중되지 않도록 시스템을 만들어야 한다. 아울러 젊었을 때 기본적인 업무를 해나갈 능력을 배양해야 한다. 업무를 피해가며 살다 나이가 들어 업무를 맡게 되면, 신규 교사에겐 일어날 수 있고 이해받을 수 있는 실수가 부끄러워질 수 있다. 업무를 피해야겠다는 마음보다는 학교에서 나이에 따라 맡겨진 내 역할은 해내야겠다고 사고를 전환할 필요가 있다.

여기서 반격!

언제나 스스로 이렇게 말하도록 한다. '자신에게 반격'이다.

반격의 한마디

"업무야말로 플러스 원."

누구나 학급경영에 힘쓴다. 이를 소홀히 하면 담임인 자신이 직접 타격을 입기 때문에 누구나 열심히 할 수밖에 없다. 한편, 업무는 학교 전체의 일이므로 다소 힘을 빼더라도 자신에게 직접 돌아오지는 않는다. 예전에 하던 대로만 한다면 아무 일 없이 지나간다. 그러니 '쓸데없는 일을 얼마나 하는지'가 승부의 갈림길이다.

1년 차 신규는 굳이 이렇게 하지 않아도 되겠지만, 업무를 하고 있다면 사방에 쓸데없는 일이 널려 있다는 점을 깨달을 터이다. 일일이 만들 필요가 없는 것을 매년 다시 만든다든지, 직원 종례 때 제안하면 될 일을 굳이 나중에 추가 자료를 나누어 주면서 설명한다든지, 뒷정리나 마무리가 잘 안 되어서 매년 자료를 찾고 고치는 데 고생한다든지. 이런 일들은 굳이 내가 나서서 노력하지 않아도 다음 해 업무 담당이 알아서 할지도 모른다. 그러나 여기서 다음 사람을 위해 내가 소매를 걷어붙이면 어떨까. 다음 업무 담당이 편해지면 그 반 아이들에게 혜택이 돌아간다. 향후 몇 년 동안은 그럴 것이다. 경우에 따라서는 전 학년 아이들에게 영향을 끼칠지도 모른다. 학급 담임으로서는 불가능한 큰일이 가능하다. 구체적으로는 다음과 같다.

- 오래되고 필요 없는 방식을 없앤다. 또는 새로운 방식을 만든다.
- 아날로그 자료를 디지털화한다(엑셀을 사용해서 표로 정리한다).
- 업무 관련 물건을 넣은 창고를 정리하고, 라벨을 붙여 찾기 쉽게 만든다.

업무에서 자신의 능력을 최대로 발휘해 보자.

성공의 비결

- 아무것도 하지 않아도 흘러가는 일이야말로 한 번 더 연구한다.

아홉
지적을 받아서 의기소침해졌을 때
▶ 이러한 때야말로 사과와 감사를 세트로 표현한다

A 선생님은 패기 넘치는 2년 차 신규 교사로, 체육부장 업무에 정성을 쏟고 있다. 작년에 운동회에서 전교생이 줄다리기를 했는데 운동장 상태 때문에 승패가 갈렸다는 뒷말이 나왔다. 아무래도 운동장 흙 상태가 군데군데 달랐던 점이 승패를 결정했다는 것. 그래서 A 선생님은 방과 후에 젊은 선생님들을 모아, 교정의 흙을 삽으로 퍼서 운동장 구석구석 균일한 상태가 되도록 덮었다.

그러나 그 일을 교무부장에게 보고하자, 교장선생님 허락은 받고 진행한 일이냐는 엄한 질책이 돌아왔다. 회의를 거치지 않고 독단적으로 행한 일이지만 실제로 운동장 상태는 좋아졌다. 그 자리에서는 일단 죄송하다고 사과했으나 A 선생님은 여전히 불만스러웠다.

왜? 어째서?

어디서부터 잘못되었을까. 이렇게 하면 좋겠거니 하고 혼자 지레짐작하여 행한 일로, 행여 좋은 결과를 얻었더라도 절차를 따르지 않은 행동이므로 인정받지 못한 것이다. 교직원회의가 존재하는 까닭은 여기에 있다. 회의를 거치지 않은 안건을 뒤늦게 별생각 없이 하나둘 추가하는 사람이 있는데, 비즈니스의 장에서 이런 행동은 규칙 위반이다. 교직원회의를 하는 의미가 없다. 예상 가능한 일이라면 회의를 통해 사전 승인을 받아야 한다. 이 사례에 등장한 교무부장 선생님의 반응은 절차상 올바르다고 할 수 있다. 즉, 관리자의 허가를 받지 않은 독단적인 행동이 실패의 원인이다. 특히 운동장에 뭔가를 설치하는 등 시설에 변화를 주는 경우 이 원칙은 반드시 지켜야 한다.

여기서 반격!

이미 저질러 버렸으므로 돌이킬 수는 없다. 최선을 다해 사과한다.

반격의 한마디

"죄송합니다. 가르쳐 주셔서 감사합니다."

원칙을 위반했다는 사실을 안 이상 변명하지 않고 일단 사과한다. 원칙을 몰랐기 때문에 위반한 것이다. 비유하자면, 축구 경기 첫 출전에 오프사이드를 판정받은 것과 같다. 럭비에서 전방에 패스를 하는 실수에 비유할 수도 있다. 어쨌든 내가 원칙을 위반했다는 사실을 제대로 알려주는 사람은 소중하다. 그런 사람이 없으면 똑같은 실수를 또 하기 마련이다. 실제 업무 시에는 운동 경기의 심판과 달리 실수한 사람에게 반드시 주의를 시켜야 하는 의무가 있는 것은 아니다. 그럼에도 불구하고 말하기 어려운 말을 해야 하는 사람은 매우 힘들다. 주의를 시켜도 반발할지 모른다. 악역을 맡을 각오를 하면서까지 가르쳐 주는 것이다.

오른쪽은 내가 존경하는 일본의 초등학교 교사 및 국어교육 전문가 노구치 요시히로 선생님의 '혼을 내는 방법'이다. 아이들을 위한 방법이지만 어른에게도 적용할 수 있다. 마지막은 '감사'다. 저 녀석은 가르치는 보람이 있다는 말을 듣는, 총애받는 존재가 되라는 것이다.

혼을 내는 방법

1. 수용
2. 반성
3. 사죄
4. 개선
5. 감사

(노구치 요시히로 지음, 『노구치 식 교사를 위한 혼을 내는 방법(野口流 教師のための叱る作法)』(2010, 국내 미출간)

말하기 어려운 것을 거침없이 말해 주는 선배나 상사의 존재는 둘도 없는 것. 소중히 여기자.

성공의 비결

- '좋은 약은 입에 쓰다'는 말을 떠올리며, 일단 받아들인다(수용)
- 질책으로써 규칙을 알게 되었다는 점을 명심한다.
- 가르침을 준 상대에게 행동과 말로 감사의 마음을 표한다.

열
회의에서 의견이 받아들여지지 않을 때
▶ '아이들을 위해'로 돌아간다

2년차 체육부장인 A 선생님은 학교에서 가장 젊다. 체육부 계원 선생님들과 논의를 거쳐, 교내행사의 일환으로서 교내 줄넘기 대회를 기획했다.

그러나 막상 교직원회의 때 제안을 해 보니, 원로교사들을 중심으로 부정적인 반응이 쏟아졌다. "이런 걸 왜 해야 해?", "지금도 바빠 죽겠는데 이제 와서 새로운 행사를 만들겠다니, 힘들지.", "꼭 필요한 일이야?" A 선생님은 제대로 대꾸도 못 해보고는 의기소침해지고 말았다. 그중에는 젊은 A 선생님에게 힘을 실어주고 싶은 선생님들도 많았지만, 본인이 완전히 꼬리를 내렸기 때문에 제안은 받아들여지지 않은 채 회의가 끝나버렸다.

왜? 어째서?

학교에 새로운 행사를 만들려고 해 보면, 아무리 좋은 것이라고 해도 반드시 반대하는 목소리가 나오기 마련이다. 생물은 본능적으로 낯선 것에 위험을 느끼거나 저항하는 존재이기 때문이다. 그러나 비행기가 날아오르면서 활주로의 역풍을 맞듯, 새로운 일을 시작하며 날아오르려 할 때 이러한 반대에 부딪히게 된다. 새로운 시작에는 엄청난 에너지가 필요하다. 이는 모든 직원에게 부담을 지우기 때문에 싫어하는 사람이 없을 리 없다. 이러한 상황에서 제안을 통과시키려면 제대로 된 제안의 근거와 주위 사람들의 이해, 제안하는 사람의 강한 신념이 필요하다. 직원회의에서 제안을 할 때에는 이러한 마음의 준비를 충분히 해 두어야 한다.

여기서 반격!

학교는 본질적으로 아이들을 위한 곳이다. 다음은 반격이다.

반격의 한마디

"만약 이것을 한다면, 아이들이 어떻게 달라질까요?"

이를 뜨겁고 강하게 피력해야 한다. 젊은이의 어설픈 생각에 즐겁게 맞장구를 쳐줄 만큼 다들 한가하지는 않다. 그러나 정말로 아이들을 위한 일이라는 확신이 든다면 논리적으로 설명한다. 제안자의 뜨거운 마음이 전해진다면 이야기는 달라진다. 대부분은 "힘은 들 것 같지만, 어쩔 수 없군" 하며 발 벗고 나서줄 터이다. 그렇지 않으면 '아이를 위한다'는 메리트를 '힘들 것 같다'는 디메리트가 이겼다는 뜻이다. 나아가 안전에 문제가 있을 경우에는 절대로 수용되지 않는다.

또, 반대하는 까닭(특별히 내세우고 싶은 점이 오히려 반대를 불러일으키기 쉽다)에 대해 주위 사람들의 피드백을 미리 취합하여 대책을 세워두어야 한다. 특히 교직원회의에서 자기 의견을 늘 당당하게 말하는 사람이나, 날카로운 지적을 잘하는 고경력 선생님에게 미리 상담을 하여 피드백을 받아두는 편이 좋다. 상대가 바빠 보이더라도 "선생님의 의견을 여쭙고 싶습니다. 시간 괜찮으실 때 살펴보시고 꼭 답해 주시기를 부탁드립니다" 하며 자료를 건네면 대체로 기분 좋게 피드백을 받을 수 있다. 사전에 정보를 수집하여 제안 내용을 잘 다듬는다면, 귀중한 시간을 회의하느라 쓸데없이 낭비하는 일도 피할 수 있다.

뜨거운 마음과 철저한 근거를 가지고, 아이들을 위한 제안을 통과시켜 보자.

성공의 비결
- 안건을 제시할 때에는 '아이를 위해'라는 곧은 심지가 절대로 꺾이지 않도록 한다.
- 선생님들의 부담을 충분히 인식하면서, 무슨 일이 있어도 하고 싶다는 강한 신념을 가진다.
- 안전이 반드시 담보되어야 한다는 점이 키 포인트.

허쌤의 교실 이야기

특히 다른 학교로 이동할 경우, 학교마다 어떻게 교육 시스템이 다른지 경험으로 알고 비교할 수 있습니다. 학기 초에 제안하는 것도 좋지만, 학년 말 교육과정을 수립하기 위해 여러 가지 의견을 제안할 때를 위해 평소 하나하나 기록하는 것이 좋습니다. 저도 올해 새로운 학교에 와서 서로 다른 시스템을 경험하며 불편하고 바꿔가야 할 것들을 하나하나 기록하고 있습니다. 지금도 하나하나 메모합니다. 불편한 것들을 정리하고 학교를 개선해나가려고 노력하는 과정이 우리 학교를 더욱 민주적으로 바꾸고, 행복한 학교로 변화시킬 수 있습니다.

①학부모 상담 주간 기간을 2주일에서 1주일로 집중한다.

②학년 프린터기의 토너 가격이 비싸서 예산 세우기가 어렵다. 토너를 렌트해 사용할 수 있도록 개선해야 한다.

③학급의 사물함, 형광등 기기의 수리 요청 과정이 번거롭다. 수리대장을 인쇄해 주무관님을 만나지 못해도 기록해두면 확인할 수 있어야 한다.

④학습지원실 지원 선생님이 퇴근하면, 오후에 다음 날 필요한 수업 준비를 하기 어렵다. 주말에도 나와서 수업 준비를 하려면, 이용할 수 있도록 개선되어야 한다.

마치며

지금까지 다양한 '반격'의 기술을 소개했습니다. 모두 제가 실제로 교실 현장에서 사용한 기술입니다.

그런데 '교육의 본질'이란 무엇일까요.

제게는 기회 있을 때마다 아이들에게 반복해서 던지는 질문이 있습니다.

"학교는, 무엇을 하러 오는 곳일까?"

아이들은 각자 저마다의 대답을 내놓습니다. 저 자신은 '더 나아지기 위해서'라는 답을 가지고 있습니다. 등교할 때에 비해, 하교할 때 뭔가 더 나아졌다는(성장했다는) 것입니다. 인간이기에, 때때로 뒷걸음질 칠 때가 있을지도 모릅니다. 그래도 내일은 더욱 나아지리라 믿고 계속해서 다시 도전합니다.

저는 스스로 이렇게 묻습니다.

"나는 교사로서, 학교에 왜 오는가?"

나 자신이 지금 여기 있다는 의미는 무엇일까요. 극단적인 이야기지만, 저로 인해 아이가 더 나빠진다면 저는 없는 편이 나을 것입니다. 한편 인간은 실패하는 존재입니다. 이 책에서 소개한 여러 실패 사례들이 그렇습니다. 그리고 인간은 실패로부터 배울 수 있습니다. 그것도 편리하게도, 다른 사람들의 실패를 통해 배울 수 있는 것입니다.

온갖 장면에서 '아이가 더 나아진다'는 본질을 바라보며 지도합니다. 그것도 단기적이 아닌 장기적 관점에서요.

예를 들어 친구에게 기분 나쁜 말투로 말하는 아이를 즉시 바로잡아야 할까요, 지켜봐야 할까요. 저는 상대에 따라 긴 안목을 가지고 다르게 '반격'합니다.

그런 말을 들은 상대방이 "네가 그렇게 말해서 속상해."라고 대꾸할만한 아이라면 계속 지켜보거나, 싫은 마음을 효과적으로 전달할 수 있도록 조언해줍니다. 기분 나쁜 말투로 말한 아이도 제 삼자인 교사의 말에 영향을 받으므로 두 아이의 성장에 플러스가 됩니다.

또, 내버려 두어도 스스로 깨달을 법한 아이라면 내버려 둡니다. 다른 사람에게 지적을 받기보다는 스스로 깨닫는 편이 더 바람직하기 때문입니다. 당장은 인내심을 발휘해야 할지라도, 길게 보아 더 효과적인 방법을 택합니다.

한편 받아치지 못할 것 같은 아이가 일방적으로 당하고 있다면 "그건 친구를 상처 주는 말이야."라고 직접 지도하기도 합니다.

즉, 여러 가지 반격의 예를 들었지만 '이 상황에서는 반드시 이렇게!'는 없다는 것이 제 진짜 속마음입니다. 왜냐하면 교사와 아이는 인간 대 인간의 관계이기 때문입니다. 살아 있는 인간의 기운이 서로 맞부딪치는 것입니다(만약 기계를 상대하며 정해진 반응만 접한다면 얼마나 쉽고, 얼마나 시시할까요). 항상 살아 움직이는 국면에서의 진검승부입니다. 따라서 다양한 실패 사례와 성공의 법칙을 알아 둔다면, 대처의 폭이 넓어져 위기를 무사히 넘길 수 있게 됩니다. 지식과 경험은 소중합니다.

사건의 본질을 파악하는 장기적인 관점. 이 관점이 있다면 독자 여러분 고유의 '필살 반격'이 탄생하리라 믿습니다.

이 책이 뜻있는 선생님들의 '최고의 반격'을 낳는 계기가 되어, 전국 교실에 있는 아이들의 의욕과 웃는 얼굴을 성장시킬 수만 있다면 무엇보다도 영광입니다.

마쓰오 히데아키

위기의 선생님에겐
반격이 필요해!

2020년 1월 22일 초판 1쇄 발행

지은이   마쓰오 히데아키
옮긴이   이선영
감수   허승환

펴낸이   이형세
책임편집   윤정기
디자인   강준선
일러스트   전민지
인쇄제본   제이오엘앤피
펴낸곳   테크빌교육(주)
주소   서울시 강남구 언주로 551, 프라자빌딩 5층·8층
전화   02-3442-7783(333)
팩스   02-3442-7793
ISBN   979-11-6346-072-5 03370
정가   16,000원

이 도서의 국립중앙도서관 출판예정도서목록(CIP)는 서지정보유통지원시스템 홈페이지(http://seoji.nl.go.kr)와 국가자료공동목록시스템(http://www/nl/go/kr/kolisnet)에서 이용하실 수 있습니다. (CIP제어번호:CIP2019052188)